DIANA COOPER

Der neue Engel-Ratgeber

Schutz, Beistand und Trost finden in jeder Lebenslage

Aus dem Englischen
von Manfred Miethe und Susanne Reichert

W0233904

WILHELM HEYNE VERLAG
MÜNCHEN

Grundlegend überarbeitete, erweiterte und neu illustrierte Ausgabe des
Buches Der Engel-Ratgeber von Diana Cooper, in deutscher Ausgabe
erstmals erschienen 2000 bei Ansata.

Taschenbucherstausgabe 11/2010
2. Auflage
Copyright © Diana Cooper 1996, 2009
First published by Findhorn Press, Scotland
Titel der englischen Orginalausgabe: A New Light on Angels
Copyright der deutschen Ausgabe © 2000 by Ansata Verlag, München,
in der Verlagsgruppe Random House GmbH sowie © 2010 by Wilhelm
Heyne Verlag, München, in der Verlagsgruppe Random House GmbH
Illustrationen: © Damian Keenan
Printed in Germany 2011
Umschlaggestaltung: Guter Punkt, München
Umschlagmotiv: Damian Keenan
Herstellung: Helga Schörnig
Gesetzt aus der Minion regular
bei C. Schaber Datentechnik, Wels
Druck und Bindung: Uhl, Radolfzell
ISBN 978-3-453-70157-1

http://www.heyne.de

Inhalt

Den Engeln
in Liebe und Dankbarkeit
gewidmet

Meine erste Begegnung mit den Engeln

Engel sind schon so lange ein Teil meines Lebens gewesen, dass es mir schwerfällt, mich an eine Zeit zu erinnern, in der ich ihre Gegenwart nicht gespürt habe und nicht gewusst habe, dass sie mir immer helfen würden.

Aber ich komme aus einer nicht spirituellen, nicht religiösen Familie. Meine Eltern standen allem Geistigen oder Nichtgreifbaren sehr skeptisch gegenüber. Für sie war Religion nur eine Krücke, und übersinnliche Phänomene hielten sie für reine Einbildung oder für Taschenspielertricks. Wenn ich zurückdenke, so glaube ich, dass meine intuitive Kenntnis der geistigen Welt in Konflikt zu den Informationen stand, die ich von meinen Eltern erhielt. Aus diesem Grund musste ich wahrscheinlich auf so dramatische Weise erweckt werden.

Mit Anfang vierzig hatte ich schon einige Jahre außerhalb Großbritanniens gelebt. Als ich nach Hause zurückkam, kannte ich niemanden mehr, und meine Kinder gingen aufs Internat. Meine Ehe war am Ende und mein Selbstwertgefühl und mein Selbstvertrauen ebenfalls. In meinem Kopf drehten sich düstere Gedanken, denn ich konnte kein Licht am Ende des Tunnels erkennen. In diesem Zustand äußerster Verzweiflung ließ ich mich in einen Sessel fallen und schrie aus Leibeskräften: »Wenn es dort draußen irgendjemanden gibt, dann soll er sich mir jetzt sofort zeigen! Und ihr habt eine Stunde Zeit!« (Denn eine Stunde später hatte ich eine Verabredung.)

Daraufhin tauchte ein Engel auf, ein goldenes Lichtwesen, und nahm meinen Geist mit auf eine Reise. Mehrmals schwebte der Engel mit mir auf einen Berg hinauf und stieß mich wieder herunter. Ich fiel und wurde jedes Mal vom Licht aufgefangen. Einmal wurde ich in eine Rakete gesetzt, die mit hoher Geschwindigkeit beschleunigte, als sich plötzlich alles in Licht verwandelte. Dann kamen wir zu dem für mich wichtigsten Teil dieser Erfahrung. Der Engel und ich flogen nebeneinander über einen Saal voller Menschen hinweg, die regenbogenfarbene Auras hatten. Ich wusste, dass sie spirituell sehr fortgeschritten sein mussten.

Ich fragte den Engel, ob ich mich dort unten im Publikum befinden würde, und er antwortete: »Nein, du bist auf der Bühne.« Ich sah, dass sich auf der Bühne drei durchscheinende Wesen befanden, durch die Licht strömte. Der Engel erzählte mir, dass ich eine Lehrerin sein würde. Augenblicklich wurde mir klar, dass ich viel Arbeit vor mir hatte und dass ich meine Energiefelder reinigen musste. Als mich der Engel in meinen Körper zurückbrachte, war genau eine Stunde vergangen, und ich hatte eine ungeheure Menge kosmischen Wissens erhalten.

Mir war klar, dass mir eine tief gehende und wichtige Erfahrung zuteilgeworden war, aber ich war mir nicht sicher, was ich damit anfangen sollte. Deshalb schrieb ich alles auf und wartete. Einige Tage nach dem Besuch des Engels ging ich zur Bibliothek. Dort fiel plötzlich ein Buch über Heilung aus dem Regal. Ich verschlang es geradezu, denn ich wollte den Menschen unbedingt helfen.

Ich erinnere mich an ein Erlebnis auf einer Fähre, die einen Motorschaden hatte. Fünf Stunden lang trieb die Fähre richtungslos im Ärmelkanal umher. Ich saß neben einer sehr redseligen Dame, die mithilfe von Hypnose nicht nur das Rauchen aufgegeben, sondern auch abgenommen hatte. Ich war völlig fasziniert und stellte ihr eine Frage nach der anderen. So entstand mein Interesse an Hypnotherapie.

Schon bald nach dem Erlebnis mit dem Engel beschloss ich, eine Ausbildung als Hypnotherapeutin und Heilerin zu machen. Da mein damaliger Ehemann mich nicht an unser Konto ließ, suchte ich mir eine Reihe von Gelegenheitsarbeiten, um die Ausbildung zu bezahlen. Am ersten Tag der Ausbildung stand mein Mann mit ausgebreiteten Armen vor mir und verbot mir, etwas derart »Wahnsinniges« zu tun, aber ich tat es trotzdem.

Während des ersten Wochenendes war ich das Versuchskaninchen für die Ausbilderin. Sie versetzte mich in einen hypnotischen Zustand, um Stress abzubauen und mein Selbstvertrauen zu stärken. Es war einfach herrlich! Ich kam nach Hause zurück und fühlte mich zum ersten Mal seit Jahren selbstsicher. Die Sticheleien und hämischen Bemerkungen meines Mannes prallten an meiner Aura ab, ohne die geringste Wirkung auf mich zu haben. Schließlich fand ich auch die Kraft, aus der Ehe auszubrechen, umzuziehen und meine eigene Praxis zu eröffnen.

In den folgenden zehn Jahren veränderte sich mein Leben von Grund auf. Ich begann einen spirituellen Weg zu gehen, ohne mich dabei an eine bestimmte Religion zu binden, denn obwohl ich weiß, dass alle Religionen spirituelle Wege zum Gipfel ein und desselben Berges sind, möchte ich keiner angehören. Auf dem Gipfel des Berges existiert nur Einheit, aber weiter unten trennen sich die Wege und die Menschen verstehen und akzeptieren einander nicht mehr.

Obwohl ich damals von Zeit zu Zeit wahrnahm, dass mir Engel bei der Arbeit mit meinen Klienten halfen, kommunizierte ich anfangs in erster Linie mit meinen Geistführern. In jenen Jahren hatte ich viele übersinnliche und spirituelle Erlebnisse. Ich wollte den Geistführer, der mir damals half, unbedingt näher kennenlernen. Also setzte ich mich jeden Abend hin, um zu meditieren und stellte mir vor, dass ich den spirituellen Berg erklimmen würde. Dann wartete ich auf dem Gipfel darauf, dass mein Geistführer mit mir Kontakt aufnehmen würde. Schließlich trat Bartholomäus in mein Leben. Ich musste weitere zehn Jahre warten, bis mir Kumeka erschien, mein gegenwärtiger Führer.

Als ich an einem Sommerabend entspannt in der Badewanne lag, die sanfte Wärme des Schaumbades genoss und in Gedanken mit meinem kommenden Seminar beschäftigt war, welches das Thema »Heilung und Entwicklung übersinnlicher Fähigkeiten« behandeln sollte, bat ich um spirituelle Führung und fragte: »Worum geht es in diesem Seminar?« Plötzlich hörte ich eine goldene Stimme – oder genauer gesagt formte sich plötzlich ein eindringlicher, klarer Gedanke in meinem Kopf –, die mir deutlich die Botschaft vermittelte: »Du wirst deine Schüler lehren, mithilfe von Engeln zu heilen.«

Überrascht rief ich: »Aber ich weiß doch gar nichts über Heilen mit Engeln.«

Die Stimme erwiderte: »Doch. Es ist dir nur noch nicht bewusst.«

»Aber das kann ich doch nicht in einem Anfängerkursus machen«, sagte ich, »einige Teilnehmer waren noch nie bei so etwas dabei.«

Die Antwort kam wie aus der Pistole geschossen: »Wer leitet den Kurs – dein Ego oder deine höhere Führung?«

Ich begriff und fragte: »Was also ist der Unterschied zwischen spiritueller Heilung, dem Heilen mit Geistführern und dem Heilen mit Engeln?«

Die Stimme antwortete: »Engel werden euch beide zu Gott erheben.« Ich vermutete, dass damit der Heiler und die Person, die Heilung sucht, gemeint waren. Die Stimme fuhr fort: »Du brauchst einen stabilen goldenen Raum, in den du die Engel einlädst. Schaffe diesen Raum.«

Fassungslos hüpfte ich aus der Badewanne, schlang ein Handbuch um mich und setzte mich aufs Bett. Dann erschienen drei Engel, die mir ihr Wissen vermittelten. Ich schrieb alles nieder, und das Geschriebene wurde zur Grundlage der ersten Ausgabe dieses Buches. Ich nahm an, dass mir alle weiteren Informationen, die ich noch brauchen würde, bevor das Seminar anfing, noch gegeben werden würden – und ich sollte recht behalten.

Am folgenden Abend drängten sich immer mehr Menschen in den Raum, um am neuen Seminar teilzunehmen. Nur durch Mundpropaganda kamen über fünfzig Teilnehmer, also doppelt so viele wie zum vorherigen Seminar. Einige von ihnen waren mehr als zwei Stunden gefahren, um mitmachen zu können. Ich dachte damals, dass die Engel Überstunden gemacht haben mussten, um all diese Leute zu benachrichtigen. Wie mir aufgetragen worden war, führte ich die Teilnehmer in die Arbeit mit den Engeln ein. Alle spürten ihre Gegenwart. Fast alle spürten zudem, dass die Engel sie körperlich berührten. Ich war überglücklich.

Seit damals befinde ich mich auf einer spannenden, erhellenden – und manchmal auch schwierigen – spirituellen Reise. Ich habe überall auf der Welt Menschen in die Arbeit mit Engeln und den geistigen Wesen des Universums eingeführt. 2002 gründete ich die *Diana Cooper School*, um dort Menschen auszubilden, die das Wissen um die Engel, den Aufstieg, die Transformation und Atlantis weitergeben wollen. Die Schule ist mittlerweile viel größer geworden, sodass wir heute weltweit Seminare für Engellehrer abhalten. Die Schule veranstaltet zudem jedes Jahr einen »Angel Awareness Day«, und wir organisieren Veranstaltungen über Engel auf praktisch jedem Kontinent.

Da sich die Schwingungsfrequenz der Erde so dramatisch verändert, haben sich auch die Aufgaben der Engel verändert, und es wurden neue Erzengel ernannt, die mit uns arbeiten sollen.

Ich habe viel von den Engeln gelernt und jedes Jahr unter ihrer Anleitung ein Buch geschrieben. Dazu gehören weitere Bücher über Engel, aber auch eines über die geistigen Gesetze.[1] Ich habe auch ein Buch über die goldene Zeit von Atlantis[2] geschrieben und drei Bücher in Romanform über diese ganz besondere Zeit, als sich noch alle Menschen in Kontakt mit ihren Engel befunden haben.

Auch die Einhörner, diese herrlichen siebendimensionalen Wesen, gehören zur Hierarchie der Engel. Sie nehmen Kontakt zu bestimmten Menschen auf, um ihnen zu helfen, ihre Schwingungsfrequenz zu erhöhen. Ich war hocherfreut, als sie mich baten, »Das Wunder des Einhorns«[3] zu schreiben.

Dank der Erfindung der Digitalfotografie können die Lichtkörper der Engel auf Fotos sichtbar gemacht werden. Sie erscheinen als Lichtkreise, die Orbs genannt werden. Endlich können die Engel auch von ganz gewöhnlichen Menschen mit dem bloßen Auge gesehen werden. In den Büchern über Orbs[4] befinden sich nicht nur interes-

---

1 *Der spirituelle Lebens-Ratgeber. Im Einklang mit dem Universum fühlen, denken, handeln.* Ansata Verlag, München 2003

2 *Entdecke Atlantis. Das Urwissen der Menschheit verstehen und heute nutzen.* Ansata Verlag, München 2006

3 *Das Wunder des Einhorns. Begegnung mit den erleuchteten Wesen der siebten Dimension.* Ansata Verlag, München 2008

4 *Orbs. Boten der Liebe, Heilung und Weisheit.* Ansata Verlag, München 2009. *Orbs. Wegbereiter für den Aufstieg ins Licht.* Ansata Verlag, München 2010

sante Informationen, sondern auch erstaunliche Fotos von Orbs, die Ihr Leben verändern können.

Als mich *Findhorn Press* bat, den Engel-Ratgeber zu überarbeiten und zu erweitern, wurde mir sofort klar, dass es an der Zeit war, einen neuen Engel-Ratgeber zu veröffentlichen. Ich habe mich bemüht, die Reinheit und Schlichtheit des ersten Buches beizubehalten, und weitere Geschichten und Beispiele hinzugefügt. Dieses Buch enthält auch neue Informationen darüber, auf welche Weise die Engel uns helfen können, und ich stelle die höheren Engel, Erzengel und universellen Engel vor, die heute mit der Menschheit arbeiten. Ich beschreibe auch, wie und wo man am leichtesten mit ihnen Kontakt aufnehmen kann. Alles in allem ist dieses neue Projekt ungeheuer spannend!

Der ganze Planet und alle auf ihm lebenden Menschen und Tiere werden mithilfe der Engel aufsteigen. Ich hoffe, dieses Buch wird Sie inspirieren, Sie erheben und Ihnen auf Ihrem Weg helfen.

1

Was sind Engel?

»Was sind Engel eigentlich?«, fragte ich die drei Engel, die vor mir standen. Ich saß in ein Badetuch gehüllt auf dem Bett, denn sie waren erschienen, als ich gerade im Badezimmer war.

Meine himmlischen Lehrer antworteten, Engel wären hohe spirituelle Wesen. Weiter sagten sie, dass der göttliche Quell (oder Gott) sie zu Führern, Beschützern und Helfern seiner Schöpfung ernannt hätte und sie als Boten einsetzen würde.

Die meisten Menschen hingegen sind weniger hoch entwickelte Seelen, die in einem physischen Körper auf die Erde kommen, um hier bestimmte Erfahrungen zu machen.

Alles besteht aus vibrierender Energie. Je schwerer die Schwingung ist, desto dichter ist auch das betreffende Wesen oder Objekt, weshalb man Menschen, Tiere, Pflanzen ebenso wie Stühle oder Tische sehen und anfassen kann.

Engel haben eine leichtere und schnellere Schwingung und sind deshalb für uns Menschen meistens unsichtbar.

Die himmlischen Geschöpfe sind Zwitterwesen, für die Sexualität ihre Bedeutung verloren hat, da ihre männlichen und weiblichen Aspekte völlig ausgewogen sind. Herrscht bei einem Menschen – ob Mann oder Frau – ein Gleichgewicht zwischen männlicher und weiblicher Energie vor, dann hat er sein sexuelles Begehren überwunden. Nur sehr hoch entwickelte Menschen erreichen diese Stufe des Bewusstseins. Deshalb ist der Zölibat auch für die meisten so schwer zu ertragen. Wer um ein Leben in Enthaltsamkeit kämpfen muss, ist eindeutig noch nicht dazu bereit.

Wo stehen Engel in der spirituellen Ordnung der Dinge? Generell kann man sagen, dass sie eine weitaus höhere Schwingungsfrequenz haben als wir, obwohl sie sich genau wie Menschen in ihrem spirituellen Wachstum je nach dem Grad ihrer Erleuchtung voneinander unterscheiden.

Menschen und Engel gehen in ihrer Entwicklung unterschiedliche Wege, denn Engel entstammen dem Herzen Gottes, während die Menschen dem Geiste Gottes entsprungen sind. Ich werde häufig gefragt, ob ein Mensch zu einem Engel werden kann, und wenn ich diese Frage an die Engel weitergebe, lautet die Antwort jedes Mal: »Nein.«

Meine engelhaften Lehrer erklärten mir, dass bestimmte Engel hier seien, um der Menschheit zu helfen und ihr zu dienen. Hunde, Katzen und viele andere Tiere dienen gleichermaßen häufig den Menschen, doch sie befinden sich auch auf ihrem eigenen Entwicklungspfad.

Für den spirituellen Lernprozess einer menschlichen Seele ist es nicht unbedingt von Vorteil, als Hund zur Erde zurückzukehren. Ebenso wenig würde es für die Entwicklung eines Delfins förderlich sein, wenn aus ihm ein Mensch würde. Engel, Delfine, Menschen, Hunde und andere Geschöpfe entwickeln sich alle auf ihrem eigenen Weg, wobei sich ein Teil ihres Wachstums im Zusammenspiel mit anderen Arten vollzieht.

Es gibt viele verschiedene Arten von Engeln, ebenso wie es unter den Menschen verschiedene Rassen gibt, die auf ihre eigene Art wachsen und lernen. Es gibt Engel, die sich dem Heilen verschrieben haben, andere, die sich für Liebe, Frieden oder Glück und viele andere positive Eigenschaften einsetzen.

So kommen zum Beispiel zu jeder Hochzeitsfeier Engel. Es gibt Engel der Bindung, der Freude, des Friedens, des Feierns und viele andere. Ihre Aufgabe besteht darin, dem Paar zu helfen und sie dabei zu unterstützen zusammenzubleiben. Selbst wenn sich ein Ehepaar trennt, bemühen sich seine Engel unermüdlich darum, die beiden Partner wieder zusammenzuführen. Aus diesem Grund brauchen wir eine Scheidungszeremonie, damit die Engel frei werden können, sich einer anderen Aufgabe zuzuwenden.

Und ja, wir alle haben einen Schutzengel, der mit uns bei der Geburt oder der Empfängnis Kontakt aufnimmt und ein Leben lang in unserer Nähe bleibt. Allerdings können die Engel – genau wie unsere Geistführer – uns nur so nahe kommen, wie wir es ihnen gestatten. Oft können sie aufgrund der chaotischen Schwingungen unserer Gefühle nicht zu uns vordringen und uns nicht in ihre großen Schwingen schließen.

Es gibt kleine Engel, die sich um alltägliche Probleme kümmern, und riesige Engel mit unvorstellbar viel Ener-

gie, die große, die ganze Welt betreffende Projekte überwachen.

Engel trifft man natürlich auch in der Nähe von Kirchen und Kathedralen an. Sie sind überall dort präsent,
wo sich Menschen zu religiösen oder spirituellen Anläs-
sen versammeln. Die Engel versammeln sich an den Kraftorten unseres Planeten, die häufig Orte großer Schönheit
sind. Die Gegenwart der Engel kann hier deutlich gespürt
werden.

Es gibt riesige Engel, die für die gewaltigen Gebirgs-
züge, die Wälder, Sterne und Sonnen verantwortlich sind,
und es gibt noch gewaltigere Engel, die sich um das ganze
Universum kümmern.

Durch alle Zeiten hindurch – selbst in vorgeschicht-
licher Zeit – haben sich Künstler bewusst oder unbewusst auf die Engel eingestimmt und die verschiedenen
Arten der Engel auf Gemälden und in Skulpturen dargestellt.

Und die Engel singen. Nicht ohne Grund spricht man
ja von Engelschören. Mystiker und spirituelle Meister
aller Zeiten haben die himmlischen Sänger gesehen und
gehört und ihr Wissen an diejenigen weitergegeben, die
ein offenes Ohr dafür hatten. Engel schaffen eine göttliche, himmlische Musik, deren Klang jenseits des nor-
malen menschlichen Hörvermögens liegt. Doch obwohl
wir die himmlischen Klänge nicht bewusst wahrnehmen
können, haben sie doch eine erhebende, inspirierende
und heilende Wirkung auf uns. Diese Klänge berühren
jede Zelle unseres Körpers und den Wesenskern unserer
Existenz und bewirken wundersame Veränderungen in
uns, auch wenn wir uns dessen nicht bewusst sind.

Die Gegenwart von Engeln in unserer Mitte öffnet die Tore unseres Bewusstseins für höhere Dimensionen und großartige Möglichkeiten des Wachstums. Heutzutage sind mehr Engel auf der Erde als jemals zuvor in der Geschichte der Menschheit. Der Grund dafür ist, dass die Erde an einem kritischen Punkt angelangt ist. Wir haben sie rücksichtslos geplündert und eine fast undurchdringliche Wolke aus negativer Energie geschaffen, die sie vollständig einhüllt. Der Schöpfer hat beschlossen, dass dem ein Ende gesetzt werden muss. Es ist uns nämlich nicht gestattet, die wunderschöne Erde zu zerstören, weil dadurch die gesamte Ordnung des Universums aus dem Gleichgewicht geraten würde.

Die Menschen müssen ihr Bewusstsein auf eine höhere Stufe heben, auf der sie die Erde, die Natur, die Tiere und ihre Mitmenschen respektieren – oder sie werden die Erde für immer verlassen müssen.

Scharen von Engeln kommen heute auf die Erde,
um uns zu helfen,
unser Bewusstsein zu erweitern.

2

Die Engel wollen uns helfen

Engel empfinden so große Liebe für uns, dass sie jedes Flehen aus den Tiefen unserer Seele erhören. Sie reagieren auch auf unsere Herzenswünsche. Aus Mitgefühl für den Planeten Erde, die Menschen und Tiere, die ihn bewohnen, kommen sie heute besonders zahlreich, um uns in diesen turbulenten, schwierigen und unsteten Zeiten zu helfen.

Patricia O'Flaherty schrieb mir kürzlich einen Brief, in dem sie einen Vorfall schildert, der sich ereignete, als sie zutiefst unglücklich war.

Ich saß nachts allein schluchzend in meinem Zimmer und fühlte mich schrecklich einsam und elend. Da hörte ich plötzlich eine Stimme, die sprach: »Du bist nicht allein. Wir sind bei dir.« Ich nahm eine Schar freundlicher, engelhafter Kräfte im Zimmer wahr. Sie strahlten Wärme und Liebe aus und nahmen mich in ihre schützende Mitte, wobei sie sich völlig geräuschlos durch den Raum bewegten. Sie heiterten mich auf und schenkten

*mir neuen Mut, und seither ist mir klar, dass wir niemals
so allein sind, wie wir uns oft fühlen.*

Wenn wir ihrer Hilfe bedürfen, eilen die Engel sofort herbei, um uns zu trösten, zu heilen und uns den richtigen Weg zu weisen.

In meinem Buch *Die Kraft des inneren Friedens*[5] schildere ich die Geschichte eines Freundes, den ich Barry genannt habe. Er arbeitete stets bis in die späten Abendstunden hinein, um sein Geschäft profitabel zu machen. Nacht für Nacht fuhr er völlig erschöpft mit dem Wagen nach Hause und konnte oft kaum noch die Augen offen halten. Eines Nachts geschah das Unvermeidliche: Kurz bevor er an einen stark befahrenen größeren Kreisel kam, schlief er am Steuer ein. Als er erschrocken seine Augen wieder aufriss, lag der Kreisel schon hinter ihm, und er fuhr wieder auf der Straße.

Auf dem Beifahrersitz saß ein Engel, der das Lenkrad hielt und den Wagen steuerte. Sobald er merkte, dass Barry aufgewacht war, verschwand er und ließ einen staunenden, ehrfurchtsvollen Barry zurück.

Ich bin fest davon überzeugt, dass wir immer und überall von unseren Schutzengeln und anderen spirituellen Helfern beschützt werden. Wie könnten wir sonst – nur mit unseren beschränkten menschlichen Sinnen aus-

---

5 *Die Kraft des inneren Friedens. Aus der inneren Mitte
Zuversicht, Gelassenheit und Freude schöpfen.* Heyne, München
2007

gestattet – mit Höchstgeschwindigkeit auf Autobahnen dahinrasen, ohne mit anderen Autos zusammenzustoßen?

Und wer beschützt unsere kleinen Rabauken? Greg sprach auf der Arbeit mit einer Reinigungskraft über Schutzengel. Sie hielt einen Augenblick inne und sagte dann: »Natürlich, jetzt wird mir alles klar. Wie sonst hätten meine Jungs überleben können.«

Normalerweise sind Engel für uns unsichtbar, weil sie auf einer Schwingungsebene existieren, die jenseits des menschlichen Sehvermögens liegt. Manchmal jedoch können wir die Schwingung unseres Bewusstseins so weit erhöhen, dass wir sie wahrnehmen. Bei anderen Gelegenheiten, wenn wir zum Beispiel entspannt oder schläfrig sind, lichtet sich vielleicht der Schleier zwischen den Welten ein wenig, und wir können sie sehen.

Meistens spüren wir aber einfach ihre Anwesenheit und den liebevollen Energieimpuls, der aus heiterem Himmel zu kommen scheint und uns neuen Mut gibt. Als ich dieses Kapitel schrieb, erzählte mir eine Freundin von einem erstaunlichen Erlebnis ihrer Mutter, einer eher ängstlichen und sehr bodenständigen Frau. Sie versuchte einmal unter großer Anstrengung, einen furchtbar schweren Schrank zu verrücken, als sie plötzlich einen warmen Luftzug spürte und bemerkte, wie unsichtbare Hände den Schrank anhoben. Sie »wusste« einfach, dass es ein Engel gewesen sein musste.

Die Bibel enthält viele wunderbare Erzählungen von Engeln, die den Menschen im Schlaf Botschaften überbringen. Das geschieht auch heute noch, aber im Allgemeinen werden solche Erscheinungen einfach als Träume abgetan – als Trugbilder unserer Fantasie. Wie sehr müssen sich die höheren geistigen Welten wohl über uns Menschen wundern!

Catriona erzählte mir, dass ihr Mann und sie Eintrittskarten für ein Konzert in Belfast gekauft hatten, zu dem sie schon ewig hatten gehen wollen. Natürlich hatten sie die Karten im Voraus bezahlt. Sie beschlossen also, daraus ein richtiges Ereignis zu machen, das ganze Wochenende in Belfast zu verbringen und bei Freunden zu übernachten. Als die Karten mit der Post kamen, mussten sie entgeistert feststellen, dass das Konzert am Mittwoch stattfinden würde und nicht am Samstag, wie sie gedacht hatten. Sie waren vollkommen frustriert, weil alles bereits arrangiert war und sie an keinem anderen Tag gehen konnten.

Also setzte Catriona sich hin, zündete eine Kerze an und sprach zu den Engeln. Sie erzählte ihnen, was passiert war und wie sehr sie sich auf das Konzert gefreut hatte. Dann fügte sie noch hinzu: »Engel, ich überlasse es euch.« Zwei Tage später wurde sie benachrichtigt, dass das Konzert auf Samstag verschoben worden war.

Eine meiner Freundinnen hatte große Angst vor dem Fliegen. Als sie es endlich wagte, sich ihrer Angst zu stellen, bekam sie während des Fluges eine schreckliche, lähmende Panikattacke. Über Jahre hinweg konnte sie nicht so reisen, wie sie es gern getan hätte.

Wir baten um spirituelle Hilfe für sie, denn wir wussten, dass die Engel uns immer Hilfe gewähren, wenn wir darum bitten – ob wir es nun erkennen und annehmen können oder nicht.

In jener Nacht träumte sie, sie sitze in einem Flugzeug, das von einem riesigen goldenen Engel getragen wurde. Sie erwachte in der Gewissheit, dass das Fliegen für sie vollkommen sicher war. Heute fliegt sie viel und steigt voller Zuversicht in jedes Flugzeug.

Seit ich Orb-Fotos mache, habe ich mit Erstaunen feststellen müssen, dass jedes Flugzeug von Engeln begleitet wird, die meistens größer sind als das Flugzeug selbst. Die Engel passen eben immer auf uns auf.

Manchmal kommen die Engel zu uns und heilen uns, während wir schlafen. Eine junge Frau namens Sharon schrieb mir einen Brief und schilderte, wie die Engel sie von einem schmerzhaften Leiden befreit hatten.

Eines Tages bekam ich sehr starke Schmerzen im rechten Knie, ohne den Grund dafür zu kennen. Mein Arzt untersuchte mich und verschrieb mir ein Medikament, mit dessen Einnahme ich aber erst am nächsten Morgen beginnen wollte.

In jener Nacht träumte ich, ich würde auf dem Bauch liegen, und meine Beine wären völlig schwerelos. Sie schwebten leicht wie Federn in der Luft, waren aber immer noch mit meinem Körper verbunden. Das war ein unbeschreibliches Gefühl. Ich spürte und beobachtete, wie goldene Hände – einfach nur Hände – meine Beine massierten. Auch das fühlte sich wunderbar an.

Am nächsten Morgen ging es meinem Knie schon viel besser, und nach zwei Tagen waren die Schmerzen ganz verschwunden. Ich brauchte das Medikament nie einzunehmen.

**Die Welt wird sich vollkommen verändern,
wenn wir die Engel anrufen
und uns von ihnen bei unserer Heilung
helfen lassen.**

3

Spirituelle Erfahrungen

Lesley hatte an meinem »Lebenssinn-Seminar« teilgenommen und mir hinterher von einer eindrucksvollen spirituellen Erfahrung berichtet, die ihr bei ihrer intensiven Suche nach Wahrheit den Weg gewiesen hatte.

Drei Jahre zuvor musste sie innerhalb eines Jahres mit mehreren schmerzhaften, ja traumatischen Verlusten fertigwerden. Nachdem sie mit einer schrecklichen Nachricht nach der anderen konfrontiert worden war und sich schließlich völlig verunsichert und zermürbt gefühlt hatte, nahm sie sich endlich Zeit zum Nachdenken und versuchte, den Sinn des Lebens zu ergründen. Über das, was anschließend geschah, schrieb sie mir Folgendes:

Eine Woche später erwachte ich in den frühen Morgenstunden von einem sehr hellen weißen Licht. So etwas hatte ich vorher noch nie gesehen – das Licht war so hell, dass es mein ganzes Schlafzimmer mit seinem Glanz erfüllte. Es war kein gewöhnliches Licht. Ich hatte so etwas noch nie gesehen.

Ich musste nicht blinzeln wie bei Sonnenlicht oder Autoscheinwerfern. Es war ein strahlendes, helles, rein-weißes Licht, das nicht blendete, sondern leuchtete und das ein wunderbares warmes Gefühl von Liebe ver-strömte, als ob es mir sagen wollte, dass ich keine Angst zu haben brauchte. Ich starrte dieses »Wesen aus Licht« an und fühlte mich mit einem Male so geliebt. Das Licht schien mir eine Botschaft zu vermitteln: »Du weißt, wes-halb ich hier bin – glaube an mich.«

Ich erinnere mich noch, dass ich abwartete, ob ich noch eine weitere Botschaft erhalten und was wohl als Nächstes passieren würde. Als Nächstes erinnere ich mich, dass ich plötzlich an der Decke schwebte und von dort auf meinen Körper im Bett blickte. Es war unglaublich! Bevor ich noch recht wusste, wie mir geschah, war ich schon wieder in meinem Körper und zog mir die Decke über den Kopf.

Es war erstaunlich. Da ich diese Erfahrung nicht vergessen konnte, begann ich Bücher zu diesem Thema zu lesen, und mir wurde klar, dass ich ein Lichtwe-sen gesehen und ein außerkörperliches Erlebnis gehabt hatte.

Menschen, die eine Begegnung mit Engeln hatten, be-richten stets von einem überwältigenden Gefühl der Liebe und des Friedens. Engel kommen, um uns Trost zu spen-den und uns den Impuls zu geben uns weiterzuentwi-ckeln.

Ich habe oft die Erfahrung gemacht, dass mir andere Menschen, denen ich meine spirituellen Erlebnisse schildere, von ihren eigenen Begegnungen mit Engeln berichten. Einmal erzählte mir ein junger Mann von seiner übergroßen Verzweiflung angesichts des Endes einer Beziehung. Er hatte das Gefühl, als seien sein Herz und seine Seele entzweigerissen, und er fragte sich mutlos, wie es wohl weitergehen sollte. In ihm war nur hoffnungslose Finsternis, und er fand lange Zeit keinen Ausweg aus diesem schwarzen Loch.

Eines Nachts blickte er verzweifelt aus dem Fenster auf einen Baum, als er plötzlich bemerkte, dass der Baum allmählich heller und immer heller wurde, bis nur noch ein strahlendes Licht mit einem Gesicht in der Mitte zu erkennen war. Der junge Mann empfand tiefen Frieden und hatte zum ersten Mal das Gefühl, dass sich alles zum Guten wenden würde. Nach dieser ermutigenden Erfahrung begann er wieder aufzuleben. Er war fest davon überzeugt, das Gesicht seines Schutzengels gesehen zu haben.

Eine junge Frau, die seit Jahren an chronischem Erschöpfungssyndrom litt, kam zu einem meiner Seminare, wo sie den Engeln begegnete und mehrere Heilungserfahrungen machte.

Am nächsten Tag schrieb sie mir die folgende Geschichte:

Da die Engel mich in der Vergangenheit schon auf der Gefühlsebene geheilt und wunderbare Dinge mit mir gemacht haben, dachte ich, dass sie auch meinen Körper heilen könnten und ich durch ihre Gnade von den auf eine Infektion folgenden Erschöpfungszuständen geheilt werden könnte. Es wäre mit Sicherheit ein Wunder, da ich nun schon seit Jahren unter chronischem Erschöpfungssyndrom litt.

Also legte ich mich hin, um zu meditieren, und als ich dies tat, spürte ich einen großen Engel über mir, der meinen Kopf in beiden Händen hielt. Offensichtlich war meine Verzweiflung groß genug, um die Engel herbeizurufen.

Ich bat darum, zum göttlichen Quell gebracht zu werden und die Gnade zu erlangen, von meiner Krankheit befreit zu werden. Beim Quell angekommen, legte ich mich nieder und wurde mit einem weißen Tuch bedeckt. Um mich herum befanden sich viele Engel. Es waren mindestens zwanzig, und der große Engel hielt noch immer meinen Kopf. Ich konnte ein helles goldenes Licht sehen, das zwischen den in weiß gekleideten Engeln hin und her strömte.

Da hörte ich Fanfarenklänge. Als ich aufsah, erblickte ich zwei Engel, die über mir schwebten. Mir kamen die Namen Cherubim und Seraphim in den Sinn. Später fand ich heraus, dass es zwei Engel mit einer besonders hohen Schwingungsfrequenz waren. Damals war ich mir aber nicht einmal sicher, ob diese Bezeichnungen überhaupt Engelnamen waren.

Ich fragte, warum die Fanfaren geblasen wurden, und sie antworteten: »Weil du etwas Besonderes bist.«

Ich bat um die Gnade, von meiner Krankheit befreit zu werden. Da kam eine göttliche Kraft in Form eines weißen Nebels über mich und ging durch mich hindurch von den Zehen bis zum Kopf, um alle Negativität aufzulösen. Dies geschah viermal.

Dann erfüllte mich ein goldener Lichtstrahl von Kopf bis Fuß. Ich konnte zuerst einen unglaublich hellen goldenen Lichtstrahl sehen, der auf meinen Kopf schien, aber er konnte zunächst nicht eindringen. Deshalb benutzten die Engel eine Flüssigkeit, um einen Kanal in meiner Wirbelsäule zu öffnen. Als mich das Licht dann erfüllte, verbreitete es sich in alle Zellen meines Körpers. Ich spürte es besonders im Oberkörper.

Ich wollte im göttlichen Quell bleiben, damit die Heilung wirklich geschehen konnte. Dann spürte ich eine starke Hitze in meinem Kopf und besonders in den obersten Halswirbeln. Die Hitze war in mir. Der Engel hielt immer noch meinen Kopf. Nach ein paar Minuten wurde mein Kopf vollkommen klar, und ich fühlte mich von einem tiefen Frieden erfüllt. Ich fühlte mich plötzlich wie befreit.

Ein langes, schmales Kreuz aus Licht wurde auf meinen Körper gelegt. Dann kehrte ich vom göttlichen Quell zurück in mein Herzzentrum und dann in meinen Körper. Mir wurde gesagt, ich müsse mich sieben Tage lang ausruhen.

Hinterher fühlte ich mich vollkommen von Frieden erfüllt. Alle meine Sorgen, Ängste und Gedanken waren verschwunden.

**Bitten Sie die Engel um Heilung,
und sie werden Ihnen helfen.**

4

Engelzeichen

Engel sind immer um uns, aber die meisten Menschen können sie nicht sehen. Aus diesem Grund lassen sie Zeichen für uns zurück, um uns ihrer Gegenwart zu versichern. Vögel, Schmetterlinge und Federn sind einige der gebräuchlichsten Zeichen, die sie uns hinterlassen. Kleine weiße Federn werden immer mehr als das verstanden, was sie wirklich sind: Botschaften der Engel.

Ich habe schon viele Geschichten von Menschen gehört, welche die Engel um ein Zeichen gebeten oder ihren Schutzengel um Hilfe angerufen haben, und die dann eine weiße Feder an einem vollkommen unzugänglichen Ort fanden. Bill erzählte mir, dass er die Stelle, für die er sich vorgestellt hatte, unbedingt haben wollte, dass sich aber auch viele andere Bewerber um den Job beworben hatten. Er bat die Engel, ihm ein Zeichen zu geben, dass er der Richtige für diese Stelle war. Als er in sein Auto stieg, sah er eine kleine weiße Feder auf dem Fahrersitz liegen. In diesem Moment wusste er, dass er den Job bekommen würde. Er sollte recht behalten.

Lila ist eine der Engellehrerinnen an der *Diana Cooper Schule*. Sie erzählte mir eine furchtbare traurige Geschichte über ihre älteste Tochter, deren erstes Kind totgeboren worden war. Die ganze Familie hatte sich dieses Baby so sehr gewünscht, dass alle angesichts des Verlustes wie am Boden zerstört waren. Lila versuchte ihre Tochter nach Kräften zu unterstützen, obwohl ihr selbst das Herz gebrochen worden war.

Ein paar Tage nach dem Tod des Babys ging sie in einen Buchladen, um ein bestelltes Buch abzuholen. Von Kummer erfüllt bat sie die Engel um ein Zeichen. Während sie auf das bestellte Buch wartete, sah sie ein anderes über Engel. Sie nahm es in die Hand, schlug es auf und las auf der ersten Seite die Worte: »Für Lila. Wir lieben dich. Die Engel stehen dir bei.« Was für ein Zeichen! Es half ihr sehr, ihren Kummer zu bewältigen.

Als Jacquis Mann nach vielen glücklichen Ehejahren starb, war sie natürlich vollkommen gebrochen. Sie wusste nicht mehr, was sie mit sich anfangen sollte. Um sich zu erholen, fuhr sie nach Lough Derg, einem See im irischen Donegal, der zu einem Pilgerort geworden war. Dort fastete sie drei Tage lang. Während dieser Zeit sah sie immer wieder kleine weiße Federn. Sie war sich sicher, dass dies etwas zu bedeuten hatte. In ihrem Herzen spürte sie, dass es sich um eine Botschaft ihres verstorbenen Mannes handeln musste. Sie erzählte dem Abt des Klosters davon, woraufhin dieser ihr eine CD auslieh. Es war die Audioversion meines Engel-Ratgebers, auf der ich auch über weiße Federn spreche. Jacqui erzählte mir, als sie dies hörte, wusste sie, dass sie nicht verrückt war und tanzte einen Freudentanz. In diesem Augenblick fasste sie den Entschluss, sich zur Engellehrerin ausbilden zu lassen.

Jacqui erzählte mir noch eine andere Geschichte. Sie war bereits seit einiger Zeit verwitwet, als ihre Nachbarin, eine ältere Frau, starb und ihren Mann Michael zurückließ. Jacqui und Michael unterhielten sich häufig über den Tod. Als sie ihn eines Tages besuchte, sah sie, dass er den Engel-Ratgeber las. Er fand das Buch zwar sehr interessant, aber er verlangte ein Zeichen zu sehen, das ihm Gewissheit geben würde. In diesem Moment kam seine Tochter mit einer Zeitung herein, die so gefaltet war, dass nur zwei Augen sichtbar waren. Jacqui sagte zu mir: »Er sah die Zeitung, und er wusste sofort, dass du es warst, Diana. Dann begriff er, dass dies die Bestätigung war, die er verlangt hatte.«

Eines Tages sagte Michael zu ihr: »Jacqui, ich werde als Erster gehen und dir ein Zeichen schicken.« Ein Jahr später starb er plötzlich. Nachdem Jacqui in seinem Haus gewesen war, ging sie zurück in ihr eigenes, legte sich vor dem Fernseher auf das Sofa und weinte. Sie sagte Michael, dass sie auf das Zeichen warten würde, das er ihr versprochen hatte. Da sie dringend Aufmunterung brauchte, legte sie ein Video von Rosemary Connelly ein. Im Hintergrund wurde das Lied gespielt: »Du und ich wir haben dort droben einen Schutzengel.« Sie ging in die Küche und stellte das Radio an. Gerade spielte: »Du und ich wir haben dort droben einen Schutzengel.«

An diesem Nachmittag ging sie am Strand spazieren, als sie ihre Schwester in einem Café sitzen sah. Sie erzählte ihr die Geschichte, aber ihre Schwester meinte nur, es gäbe sicherlich eine vollkommen einfache Erklärung für diesen Zufall. Die Freundin ihrer Schwester allerdings glaubte fest an Engel und war überzeugt, dass dies eine Botschaft von Michael gewesen sein musste. Als brauchte es noch eine weitere Bestätigung, wurde das Lied wieder im Radio gespielt. Am Tag darauf lag eine Gratis-CD als Beilage in der Zeitung, und raten Sie einmal, welches Lied wieder darauf war.

Ich glaube, Michael hatte sein Zeichen gesendet.

Am Todestag ihres Mannes war Joan besonders aufge-wühlt. Sie nahm das Foto ihres geliebten Mannes vom Klavier, schaute es an und fragte: »Wo bist du, Sid?« Als sie dies fragte, fiel eine kleine weiße Feder aus dem Nichts zu Boden, und sie wusste mit unumstößlicher Gewiss-heit, dass es ihm gut ging.

»Zufälle« und Synchronizitäten

»Zufälle« und Synchronizitäten sind nicht ganz so ein-deutige Zeichen dafür, dass die Engel mit einem Men-schen arbeiten. Wir leben in einem wohlgeordneten Uni-versum, in dem nichts zufällig geschieht. Alle unverhofften Glücksfälle und schicksalhaften Begegnungen werden von unseren Führern und den Engeln arrangiert. Sie arbeiten schwer, um sicherzustellen, dass wir auch tatsächlich im richtigen Augenblick der richtigen Person über den Weg laufen, ein bestimmtes Buch lesen oder eine für uns be-deutsame Geschichte im Radio hören.

Nachdem ich dies geschrieben hatte, sah ich ein paar alte E-Mails durch und musste herzlich lachen, als ich die von Inga las.

Sie schrieb: »Ich habe noch nie einen Leserbrief geschrieben, aber ich habe das Gefühl, ich müsste Ihnen mitteilen, wie sehr mich Ihr Buch Der spirituelle Lebens-Ratgeber[6] inspiriert hat. Ich möchte Ihnen auch von einem verrückten Zufall oder einer Synchronizität erzählen, die mit Ihrem Buch in Zusammenhang steht.

Wissen Sie noch, dass Sie gegen Ende des dritten Kapitels berichtet haben, dass Ihre Tochter einmal Auto gefahren war, obwohl sie vollkommen erschöpft war? Sie brauchte Hilfe, um ihre Batterien wieder aufzuladen, und als sie ein Auto mit dem Kennzeichen AUM sah, ging es ihr gleich besser. Ich erinnerte mich an diesen Vorfall und dachte noch, was für ein armseliges Beispiel für das Gesetz des Bittens dies doch gewesen war, da man ja wirklich alles Mögliche in ein Autokennzeichen hineinlesen kann. Etwas Derartiges kann ja wohl kaum eine Botschaft des Universums sein. Ja, ich weiß, ich urteile sehr schnell, aber ich arbeite daran.

Heute fuhr ich auf der Straße und dachte über eine Frage nach, als plötzlich ein Auto mit dem Kennzeichen AUM vor mir einscherte. Ich konnte es kaum glauben! Ich war vollkommen verdutzt und musste lachen, als ich an Ihr Buch und mein vorschnelles Urteil dachte. Während ich noch so vor mich hin kicherte, überholte mich ein anderes Auto mit dem Kennzeichen FREUDE. Also ich weiß nicht, aber ich habe fast das Gefühl, das Universum

6 Der spirituelle Lebens-Ratgeber. Im Einklang mit dem Universum fühlen, denken, handeln. Ansata Verlag, München 2003

macht sich über mich lustig. Auf jeden Fall retteten diese Vorfälle meinen Tag und veranlassten mich, Ihnen diese E-Mail zu schreiben.«

Es gibt keine Zufälle.
Alles ist von den Engeln arrangiert.

5

Schutzengel

Unser Schutzengel, der bei unserer Geburt oder während der Empfängnis Kontakt zu uns aufnimmt, steht uns zeit unseres Lebens zur Seite. Niemand geht seinen Weg auf dem Planeten Erde allein. Wenn wir nur wüssten, auf wie viel Hilfe aus der jenseitigen Welt wir vertrauen dürfen, würden wir uns nicht so verletzlich und einsam fühlen. Oft wird uns erst in Krisenzeiten bewusst, dass uns von dort Hilfe und Schutz zuströmen.

Mary Miller schrieb mir über die Erfahrungen ihres Sohnes mit seinem Schutzengel folgenden bewegenden Brief:

Mein Erlebnis mit Engeln hatte ich im Jahr 1980, als mein Sohn zum ersten Mal hinter dem Steuer seines eigenen Autos saß. Als er eines Nachts um Mitternacht noch nicht nach Hause gekommen war, fing ich an, mir große Sorgen um ihn zu machen. Da forderte mich eine innere Stimme von irgendwoher auf, seinen Schutzengel um Beistand zu bitten. Sofort verschwand meine Besorgnis, und ich fiel in einen tiefen Schlaf.

Am nächsten Morgen erzählte mir mein Sohn beim Frühstück von einem merkwürdigen Erlebnis auf dem Heimweg. Als er noch etwa eineinhalb Kilometer von zu Hause entfernt war, nickte er vor Müdigkeit am Steuer ein. Da hörte er plötzlich, wie eine fremde Stimme seinen Namen rief. Verwundert stellte er fest: »Es war weder deine oder Vatis noch eine andere mir bekannte Stimme. Aber ich erkenne sie bestimmt wieder, wenn ich sie noch einmal höre.«

Wir sind beide bis auf den heutigen Tag felsenfest davon überzeugt, dass er die Stimme seines Schutzengels gehört hatte.

Ich brauche wohl nicht zu erwähnen, dass ich mich seitdem mit den Engeln gut verstehe. Möge der Göttliche Beistand immer über uns sein.

Ich liebe diese Geschichte. Sie zeigt, auf welch tiefe und wunderbare Weise wir alle mit jenen Wesen verbunden sind. Wenn jede Mutter, die sich Sorgen um ihr Kind macht, nur seinen Schutzengel bitten würde, es zu beschützen, und sich dann entspannen und auf den himmlischen Schutz vertrauen würde, dann ginge es unbeschwerter und sicherer auf dieser Welt zu.

Die meisten Eltern halten sich für gute Eltern, wenn sie sich um ihre Kinder Sorgen machen. Das ist jedoch ein Irrtum. Sorgen haben eine schwere, dichte, negative Schwingung. Wenn wir sie zu intensiv auf unser geliebtes Kind richten, das auf metaphysischer Ebene mit uns verbunden ist, machen wir es für Krankheiten, Gefahren und negative Einflüsse anfällig. Düstere, unterschwellige

Furcht und Sorge können ein sensibles Kind krank machen.

Indem wir unserem Kind jedoch Liebe, Heilung und positive Gedanken senden, umgeben wir es mit einer schützenden, freudvollen Kraft. Wenn wir außerdem seinen Schutzengel bitten, es zu beschützen, kann dieser mithilfe unserer Liebesenergie eine intensivere Verbindung zu dem Kind herstellen.

Das können wir natürlich für jeden Menschen tun, für einen Freund ebenso wie für einen Fremden. Liebe ist die Energie, welche die Herzen anderer Menschen öffnet, und wir können sie mit unseren Gedanken zu jedem Lebewesen lenken, das ihrer bedarf. Wenn wir unseren Mitmenschen reine Strahlen der Liebe senden, können sich mächtige Engelkräfte einschalten, um wahre Wunder geschehen zu lassen. Äußerst wirksam ist es auch, wenn wir die Engel direkt auffordern, einem bestimmten Menschen zu helfen.

Hören Sie auf Ihre Intuition, und senden Sie all jenen Menschen Liebe, die Not leiden, in Gefahr sind, Schmerzen oder Kummer haben. Wenn Sie an einem Krankenhaus vorbeikommen, dann bitten Sie die heilenden Engel um Hilfe für die leidenden Menschen im Kampf gegen ihre Krankheit. Durch Ihre liebevolle Fürsprache können die Engel eher Zugang zu ihnen bekommen und sie wirkungsvoller heilen.

Engel heilen selbstverständlich auch Tiere. Wenn Sie sehen, dass ein Tier in Not ist, bitten Sie einen Engel, ihm zu helfen. Das wird seine Genesung beschleunigen.

Wenn Sie an ein Kriegsgebiet denken, konzentrieren Sie sich nicht auf die schrecklichen Dinge, die dort geschehen. Das verstärkt nur die Energie der Finsternis. Stellen Sie sich stattdessen vor, dass dieses Gebiet von Frieden erfüllt ist. Bitten Sie die Engel, den Menschen dort zu helfen. Ihre Gebete werden dann zu Lichtbrücken für die Engel, über die sie kommen, um zu helfen.

Wenn wir durch Radio, Zeitung oder Fernsehen schlimme Nachrichten erfahren, können wir einen Augenblick innehalten und Licht in das betroffene Gebiet senden oder es auf den betreffenden Menschen lenken. Das hilft den leidenden Menschen mehr, als wir uns vorstellen können. Die Liebe und das Licht, die wir aussenden, können Katastrophen abwenden, den Menschen helfen und wunderbare Heilungen bewirken.

Wenn jemand, den Sie kennen, eine Prüfung hat, bitten Sie die Engel, ihm beizustehen, und stellen Sie sich dann vor, dass er die Prüfung erfolgreich absolviert hat. Wenn ein Freund umzieht, reist, ein neues Geschäft eröffnet oder sich irgendeiner anderen Herausforderung stellt, stellen Sie sich vor, dass der Betreffende von Engeln umgeben ist und dass alles gut geht. Es wird mehr Energie benötigt, um sich eine Katastrophe oder sonstige negative Ereignisse vorzustellen, als Glück, Reichtum oder ein Wunder.

Jeder Einzelne von uns erfüllt eine wichtige Rolle auf dem Planeten. Sie glauben vielleicht, Ihr geringer Beitrag sei unbedeutend, aber ich kann Ihnen versichern, wenn er sich mit der Energie anderer Menschen vereinigt, entsteht daraus eine gewaltige Lichtwelle, die überwältigende Veränderungen zur Verbesserung der Situation von Menschen und Orten bewirken kann.

Das Böse – oder wie ich es lieber bezeichne: das entsetzliche Gefühl, von Gott getrennt zu sein – fürchtet das

Licht und die Liebe. Wenn wir Liebeswellen in die Köpfe »böser« Menschen und Führer senden, denen persönliche Macht wichtiger ist als das Glück und Wohlergehen ihrer Mitmenschen, wird sich das Bedürfnis, andere zu beherrschen und zu missbrauchen, allmählich auflösen, und es kann wieder Frieden einkehren.

Wenn wir anderen liebevolle Gedanken senden,
bauen wir Lichtbrücken,
auf denen die Engel wandeln können.

6

Die Engel dienen uns

Nachdem mir die Engel erschienen waren, bereitete ich aufgeregt mein Seminar »Heilen und die Entwicklung übersinnlicher Fähigkeiten« vor, das ich auf ihre Anweisung hin leiten sollte. Ich hoffte, dass es mir gelingen würde, meine Schwingung so stabil zu halten, dass die Engel sich mir wieder nähern könnten.

Mein engelhafter Lehrer erklärte mir, dass Engel mit einem goldenen Strahl arbeiten, und ich sah die heilenden Engel tatsächlich stets in einem weißlich-goldenen Licht. Sie hatten dieselbe Farbe wie das engelhafte Wesen, das mir damals aus meiner tiefen Seelenkrise herausgeholfen hatte. Er sprach weiter: »Gold ist die Farbe der Weisheit und der bedingungslosen Liebe. Wenn du mit diesen Engeln heilst, arbeitest du mit goldener Energie. Engelenergie ist so warm wie Sonnenlicht, und dir wird nie kalt sein, wenn ein Engel in deiner Nähe ist.«

Er fügte hinzu, dass Engel uns stets zu Diensten stehen und dass man selbst zu einem Diener der Menschheit wird, wenn man mit der Engelenergie arbeitet.

Im Seminar saßen wir also still da und stellten uns vor, wie wir das Zimmer mit goldenem Licht erfüllten, bis wir sicher spürten, dass wir uns in einem stabilen goldenen Raum befanden.

Vor Seminarbeginn hatten mir die Engel die Anweisung gegeben, ich solle alle Teilnehmer darum bitten, ihre eigene Aura mit den Händen zu streicheln. Auf unsere Aufforderung hin wollten die Engel dann ebenfalls unsere Aura streicheln, damit wir am eigenen Körper spüren konnten, wie ihre heilenden Strahlen der Liebe auf unsere Energie wirken. Nach diesem Erlebnis würden wir uns niemals wieder hilflos oder ängstlich fühlen, denn wir hätten die Gewissheit, dass Engel nur darauf warteten, uns zu Hilfe zu eilen.

Also bat ich alle Teilnehmer, ihre Aura zunächst mit den Händen zu erfühlen und sie dann zu streicheln. Wir näherten die Hände langsam dem Körper, bis wir einen leichten Widerstand oder ein Prickeln in den Händen spürten. Hier beginnt das Energiefeld der Aura. Behutsam begannen wir dann, langsam von oben nach unten zu streicheln. Mit dieser praktischen Methode konnten wir alle Löcher in unserem Energiemantel ausgleichen, wodurch wir geschützter wurden. Die meisten Menschen erleben dies als beruhigend und wohltuend.

Die Aura ist unser elektromagnetisches Schutzschild, den wir durch unsere Gedanken erzeugen. Wenn diese vage, unkontrolliert und sprunghaft sind, ist das ein Hinweis darauf, dass wir eine schwache Aura haben, die uns nicht mehr gegen die Wirkung der Gedanken oder Handlungen anderer Wesen schützt. Starke, positive und liebevolle Gedanken sorgen für einen stabilen, schützenden

Energiemantel, während negative Gedanken regelrechte Löcher in der Aura entstehen lassen. Unter Schockeinwirkung kann sich die Aura sogar ganz auflösen, sodass wir sehr anfällig für negative äußere Kräfte werden.

Die meisten von uns kennen Bilder von Heiligen, Gurus und anderen vergeistigten Menschen, auf denen diese mit einem Heiligenschein oder einer goldenen Aura abgebildet sind, die ihre Körper in einem überirdischen Licht erstrahlen lassen. Hellsichtige Menschen erkennen dieses goldene Licht als die Energie ihrer reinen, spirituellen Gedanken.

Viele Seminarteilnehmer nahmen nach unserer Meditation einen Kreis von Engeln rings im Raum wahr, die sich auf unsere Bitte hin eingefunden hatten. Jeder Teilnehmer lud einen Engel ein, seine Aura zu streicheln. Das war eine vollkommen andere Erfahrung als das Streicheln der eigenen Aura. Mehrere Menschen brachen in Tränen aus, denn sie hatten niemals in ihrem Leben ein dermaßen starkes Erlebnis gehabt.

Eine Seminarteilnehmerin berichtete uns von ihren Erlebnissen. Sie hatte den ganzen Tag lang unter rasenden Kopfschmerzen gelitten und sich verzweifelt gewünscht, ein Engel möge zu ihr kommen und ihre Kopfschmerzen lindern, indem er ihre Aura streichelte. Aber keiner trat zu ihr. Stattdessen zog ein lächelnder Cherub über ihr seine Kreise. Er lächelte ihr zu und war absolut entzückend, schien jedoch nicht auf ihre Bitten zu reagieren, sondern sauste weiter um ihren Kopf.

Immer wieder forderte sie ihn auf: »Streichle meine Aura«, aber er lächelte nur und zog über ihr durch die Luft. Je enttäuschter sie wurde, desto heiterer lächelte der

Cherub. Als er ihr am Ende der Übung aber zuwinkte und sie verließ, waren die Kopfschmerzen vollständig verschwunden.

Am Seminar nahmen auch mehrere erfahrene Heiler teil, die ich bat, alle vorgefassten Meinungen über Bord zu werfen, ihren Geist von bestimmten Vorstellungen und Konzepten zu befreien und ihre Hände lediglich auf die Aura der Person zu legen, mit der sie arbeiteten, damit die Engel durch sie hindurch wirken konnten. Die meisten von ihnen waren verblüfft, denn sie spürten deutlich, wie die Kraft der Engel sie durchströmte.

Etwas Ähnliches geschieht, wenn wir uns als Kanal für die heilende, kosmische Lebensenergie öffnen. Je gründlicher wir unseren Geist gereinigt und von Ballast befreit haben, desto mehr göttliche Heilenergie kann durch uns hindurch fließen. Das Heilen mit Engelenergie ist ein vergleichbarer Prozess, fühlt sich aber ganz anders an, da man deutlich ihre »goldene« Qualität wahrnimmt.

Eine der Teilnehmerinnen schrieb mir nach dem Seminar folgenden Brief:

Als Sie uns in Ihrem Seminar auf die Gegenwart der Engel einstimmten, konnte ich tatsächlich eine sehr leichte, aber kraftvolle Energie spüren. Besonders eindrucksvoll fand ich die Erfahrung, mit den Engeln und der Dame, die ich heilte, zum göttlichen Quell hinaufgetragen zu werden, um dort heilende Energie zu empfangen. Seither bitte ich die Engel jeden Tag, zu mir zu kommen. Auch wenn ich sie nicht sehen kann, spüre ich doch immer ihre warme, liebevolle Gegenwart, und sie haben

mir schon über manche harten Zeiten hinweggeholfen!
Als ich sie um Beistand für eine Sitzung bei Ihnen bat,
erschienen sie und vollbrachten eine ganz wundersame
Heilung, glaube ich!

Engel heilen auf sanfte, liebevolle Art.

7

Die heilende Macht der Vergebung

Ich lernte Lynfa Davis auf einem meiner Seminare zum Thema »Heilen mit Engeln« kennen. Sie fiel mir sofort auf, denn sie strahlte förmlich vor Wärme und Glück. Im Verlauf des Seminars erzählte sie ihre Geschichte: Mit dreizehn Jahren war sie vergewaltigt worden. Die Ehe, die sie einging, scheiterte, und in der Beziehung, die sich daran anschloss, wurde sie fortwährend ausgenutzt. Die Erinnerungen an diese leidvollen Erfahrungen schmerzten sie so sehr, dass allein der Gedanke an Beratung oder Therapie ihr sehr bedrohlich erschien.

Endlich wurde ihr klar, dass sie eigentlich gar keine andere Wahl hatte. Sie konnte entweder weiterhin mit dem Schmerz und den Verletzungen leben oder sie konnte einen Weg finden, diese loszulassen und zu verzeihen, um wieder ein normales Leben führen zu können.

Sie entschloss sich zu einer Rebirthing-Therapie, weil ihr diese Methode nicht so intellektuell und verstandesbetont zu sein schien wie die meisten anderen Therapieformen. Sie merkte bald, dass man tatsächlich alle Verlet-

54

zungen heilen konnte – gleich, wie schmerzvoll diese auch sein mochten. Über ihre Erfahrungen schrieb sie mir Folgendes:

Nachdem ich meine Entscheidung getroffen hatte, bekam ich sehr heftige Schmerzen in der Herzgegend, die ich auf eine Magenverstimmung zurückführte. Als ich während der nächsten Sitzung die gewohnten Atemübungen durchführte, hörte und spürte ich plötzlich Flügel direkt über mir. Alles wurde sehr still, und vor meinem geistigen Auge sah ich große weiße Flügel, die sich um meinen Körper legten. Ich fühlte mich völlig von ihnen umfangen und geborgen, und dann sah ich das Gesicht eines Mannes, der auf mich herabsah. Er sah fast aus wie einer der Engel in Wim Wenders' Film »Der Himmel über Berlin« – grimmig, stark und trotzdem ganz sanft.

Der Engel sagte, mein Herz sei seit langer Zeit gebrochen, und er werde es heilen. Ich empfand ein warmes Gefühl in meinem Herzen und um mein Herz herum. Ich verspürte eine gewaltige Energie und gleichzeitig ein Gefühl von Frieden und die Gewissheit, dass alles in Ordnung war und ich mich in Sicherheit befand. Am Ende der Sitzung war der Schmerz verschwunden, und ich kann heute viel unbeschwerter und ohne Qualen über die Vergewaltigung sprechen.

Ich bin eigentlich ein recht bodenständiger Mensch, aber seit dieser Sitzung benutze ich Engelkarten und fühle mich sehr beschützt und umsorgt, was für mich eine vollkommen neue Erfahrung ist.

Wenn wir den Engeln unsere Wünsche mitteilen
und für alle Möglichkeiten
offen sind, geschehen Wunder.

Annie Rossiter erzählte mir tief bewegt, was ihr nach einem Seminar widerfahren war:

Ich nahm an einem Ihrer Seminare teil. Mein Vater hatte mich als Kind missbraucht, und ich versuchte zu verstehen, weshalb ich mir gerade diese Eltern ausgesucht hatte. Dabei merkte ich, was für eine ungeheure Wut ihnen gegenüber sich in meinem Herzen angestaut hatte.

Sie, Diana, haben mir dabei geholfen, diese Wut loszulassen. Schon das allein war eine verblüffende Erfahrung. Ich kam sehr aufgewühlt und im positiven Sinn erschüttert nach Hause. Ich musste einfach meditieren, um ganz zur Ruhe zu kommen. Denn nachdem ich die Wut losgelassen hatte, fühlte ich eine große Leere in mir. Obwohl Sie mich Liebe hatten einatmen lassen, wollte ich noch mehr. Ich musste den leeren Raum, in dem der Zorn gewesen war, mit irgendetwas füllen.

Ich legte mich also aufs Bett und wurde ganz ruhig. Und plötzlich vernahm ich ein ganz leises Geräusch – wie das Rascheln von Federn. Da sah ich im Geist weiße Engel mit wunderschönen weißen Flügeln, und ich spürte, wie mich ihre Liebe ganz erfüllte.

Dieses Erlebnis hatte eine tief greifende Wirkung auf mich. Die Wut ist ganz verschwunden. Früher hatte ich meinem Vater vorgeworfen, mein Leben zerstört zu haben. Nun sind alle Schuldzuweisungen verschwunden.

*Engel können unser Herz
mit Liebe erfüllen.*

8

Engel und Kinder

Bevor sich ihre Gedächtnisspeicher angesichts der schweren Schwingung der Erde verschließen, kommunizieren Kinder oft mit der geistigen Welt und können sich auch häufig an frühere Leben erinnern. Eine Frau berichtete, ihre dreijährige Tochter habe eines Tages zu ihr gesagt: »Weißt du, Mami, es ist schon komisch, dass meine Beine jetzt so aussehen. Früher waren sie nämlich braun.«

Viele Kinder, besonders jene, die keine Geschwister haben oder sich einsam fühlen, spielen mit unsichtbaren Freunden. Diese Freunde, die Erwachsene nicht sehen können, existieren tatsächlich, und sie sind nur für Kinder sichtbar, die mit ihren irdischen Augen noch die geistigen Welten sehen können. Die unsichtbaren Freunde sind Kinder aus der jenseitigen Welt. Kinder können auch Feen und Engel sehen.

Bei einem Kind ist die rechte Gehirnhälfte, die intuitive, übersinnliche und imaginative Seite, noch offen und für derartige Erfahrungen empfänglich. Diese Gehirnhälfte beeinflusst unter anderem unsere Heilfähigkeiten und unsere übersinnliche Wahrnehmung, unsere spirituelle Entwicklung sowie kreatives und künstlerisches Arbeiten. In unserer Kultur geben wir leider dem logischen Denken und dem Faktenlernen in der Schule nur zu oft den Vorzug, wobei Konkurrenzdenken und materieller Erfolg im Vordergrund stehen. Wenn unsere Kinder mit sechs Jahren in ein derartiges Erziehungssystem gepresst werden, verkümmern ihre natürliche Intuition, ihre Kreativität und ihre Vorstellungskraft zwangsläufig. Im Alter zwischen fünf und zehn Jahren hören deshalb die meisten Kinder auf, mit Geistkindern, Feen und Engeln zu kommunizieren.

Es wird den Planeten Erde transformieren, wenn wir beide Gehirnhälften gleichermaßen entwickeln. Die Menschheit wird dann auf ein viel größeres Potenzial zurückgreifen und auf einer höheren Bewusstseinsebene leben können.

Jeanne Slade erzählte mir in ihrem reizenden, singenden Waliser Dialekt ihre Geschichte. Wie so viele Menschen keltischer Herkunft hat sie übersinnliche Fähigkeiten und das schon, solange sie denken kann. Als ältestes von vier Kindern kam sie in einem kleinen Haus im Kernland von Wales zur Welt. Das Häuschen, in dem sie aufwuchs, hatte die Nummer 33. Nun hat jede Hausnummer eine besondere Schwingung. Jeanne sagte mir, die Zahl 11 fördere im Besonderen Intuition, Hellsichtigkeit und übersinnliche Fähigkeiten. Ein Haus mit der Nummer 22 schenkt seinen Bewohnern ein unbegrenztes geistiges Potenzial und in einem Haus mit der Nummer 33 zu leben, bedeutet, dass praktisch alles möglich ist! Dies ist auch die Schwingung des Christusbewusstseins, während die 44 in Verbindung mit dem goldenen Zeitalter von Atlantis steht.

Als verträumtes Kind mit übersinnlichen Fähigkeiten konnte Jeanne Engel nicht nur sehen, sondern auch Zwiesprache mit ihnen halten. Ihre Mutter zeigte dafür kein Verständnis und schickte sie oft auf ihr Zimmer, wo sie dann lange Zeit für sich allein war. Als sie ihrer Großmutter von den Engeln erzählte, befahl diese ihr, sie nicht anzulügen! Für ein Kind ist es sehr verwirrend, wenn seine Erfahrungen als Fantasterei abgetan werden. Trotzdem fand Jeanne weiterhin Trost in der Gegenwart ihres Schutzengels.

Als sie sieben Jahre alt war, wurde das ruhige, sensible Kind von einem Schullehrer missbraucht. Seit dieser Zeit hat sie ihren Schutzengel nie mehr gesehen. Der traumatische Schmerz, der durch den Missbrauch ausgelöst wurde, war so groß, dass sie die Erinnerung daran verdrängte; er löschte auch das Bild der Engel aus ihrem Gedächtnis.

Während einer Therapie brachen dann alle Erinnerungen an den Missbrauch massiv über die inzwischen erwachsene Jeanne herein. Sie stillte den Schmerz auf die einzig mögliche Art und Weise: indem sie dem Täter aufrichtig verzieh. In diesem ergreifenden Moment der Vergebung rief sie unter Tränen aus: »O, ich kann meinen Engel wieder sehen!«

Ihr war klar geworden, dass sie sich als Kind für böse gehalten und sich selbst die Schuld an dem Missbrauch gegeben hatte. Deshalb hatte sie auch niemandem davon erzählt. Weil sie glaubte, keinen Schutzengel verdient zu haben, konnte sie ihn auch nicht mehr sehen.

Jeannes Tochter, einer praktizierenden Hellseherin, gelang es, mit Jeannes verstorbener Großmutter Kontakt aufzunehmen. Diese erzählte, sie hätte einen Geistführer geschickt, der Jeanne bei der Rückführung und Heilung helfen solle, weil sie sich an Jeannes schmerzvoller Kindheit mitschuldig fühlte.

Dann stellte sich heraus, dass auch Jeannes Großmutter übersinnliche Fähigkeiten gehabt hatte. Obwohl sie der kleinen Jeanne gesagt hatte, sie solle keine Lügen über Engel erzählen, hatte sie die Engel selbst sehen können!

Vermutlich glaubte die Großmutter zu ihren Lebzeiten, sie würde dem Kind dabei helfen, eher akzeptiert zu werden und sich leichter in die »normale« Gesellschaft einzufügen, wenn sie die Existenz von Engeln bestreiten würde. Dank der höheren Sicht der geistigen Welt war ihr aber klar geworden, welchen Schaden sie damit angerichtet hatte, und sie versuchte, ihren Fehler wiedergutzumachen, indem sie die Heilung arrangiert hatte.

Obwohl Jeanne die Engel seither nicht mehr gesehen hat, konnte sie deren gewaltige Liebe doch spüren und erleben.

Wenn ich solche Erzählungen aus der Kindheit höre, muss ich oft an das Märchen *Des Kaisers neue Kleider* denken. Darin machten zwei Schurken den Höflingen des Kaisers weis, sie würden magische Stoffe weben. Waren die Käufer ehrlich und ihres Amtes würdig, könnten sie das prachtvolle Material sehen, aber für dumme und unehrliche Leute sei es unsichtbar, behaupteten sie. Keiner der Bediensteten am Hofe wollte zugeben, dass er die teuren Kleider nicht sehen konnte, für die man Maß nahm. Selbst der Kaiser beteuerte, seine neuen Kleider wären wunderschön, weil er dachte, jeder würde ihn für dumm und unehrlich halten, wenn er zugeben würde, dass er sie nicht sehen konnte. Also ging er ohne Kleider durch seine Stadt, und alle Leute taten so, als bewunderten sie die wundervollen Stoffe, um bloß nicht für dumm und unehrlich gehalten zu werden. Nur ein Kind rief: »Der Kaiser hat ja gar nichts an!«

Wo viele Erwachsene aus Angst,
sich lächerlich zu machen, abstreiten,
dass sie einen Engel sehen können,
da wird ein Kind in seiner Unschuld
die Wahrheit verkünden.

9

Friedensengel

Ich hatte damals noch nie etwas von Friedensengeln gehört, aber als ich sie zum ersten Mal sah, wusste ich sofort, wer sie waren. Sie waren größer als die heilenden
Engel und von einer anderen Farbe. Diese wunderschönen, leuchtenden Wesen waren cremeweiß und hatten
große weiche Flügel. Ich kann sie nicht anders beschrei-
ben: Sie waren einfach flauschig und strahlten eine unglaubliche Ruhe und Wärme aus.

Ein paar Tage, nachdem ich diesen Engeln zum ersten
Mal begegnet war, veranstaltete ich ein Seminar über inneren Frieden. Vermutlich erschienen sie mir aus diesem
Grund. Bei einem der Teilnehmer, einem sehr angeneh-
men Mann, der in der Bankenwelt arbeitete, war ich mir
sicher, dass er sich für dieses Seminar nur angemeldet
hatte, um sich vom Stress zu erholen. Von den geistigen
Welten hatte er sicher keine Ahnung!

Während einer Übung bemerkte ich, dass sich einer
der Friedensengel hinter ihn gestellt hatte und seinen
Solarplexus mit seinen Flügeln umfing. Einen Augenblick lang zögerte ich, ihn darauf aufmerksam zu ma-

chen. Ich wollte ihn auf keinen Fall erschrecken, andererseits sollte er aber auch nicht eine wunderbare Gelegenheit verpassen, die vielleicht von Bedeutung für ihn war. Also gab ich ihm zu verstehen, ein Friedensengel habe seine Flügel um ihn gelegt, und wenn er sich zurücklehnen wolle, werde der Engel ihn mit seinen weichen Schwingen umarmen. Dies tat er, ohne zu zögern, und berichtete mir später, es sei ein inspirierendes beglückendes Erlebnis gewesen.

Ich hoffe sehr, dass er den Frieden, den er dabei spürte, mit in die Bankenwelt genommen hat.

Ein paar Monate später plante ich wieder einen Wochenendkursus zum Thema »Innerer Friede«. Während ich im Schwimmbad meine Bahnen schwamm, dachte ich über den Kursus nach. Ich muss geistig völlig entspannt und aufnahmefähig gewesen sein, denn plötzlich hörte ich eine Stimme sagen: »Wir möchten, dass du den Menschen, die sich am Wochenende zu deinem Seminar einfinden werden, eine wichtige Botschaft überbringst:

›Der Gedanke des Friedens muss verbreitet werden,
und das kann nur durch Menschen geschehen,
die bereit sind, nicht länger mit anderen Menschen
zu konkurrieren. Frieden bedeutet, sich dem
Geist Gottes zu ergeben und nicht ständig beweisen
zu müssen, dass man besser als andere ist.‹«

Die Stimme fuhr fort: »Ermutige alle Teilnehmer dazu, in einem Winkel ihrer Wohnung eine Friedensecke einzurichten. Sie muss nicht unbedingt durch Kerzen, Kristalle oder Rituale geweiht sein, aber ihr solltet dort nur friedvolle Gedanken hegen. Sie braucht auch nicht viel Platz einzunehmen; ein einziger Stuhl im Haus reicht vollkommen aus. Aber wenn ihr den Ort ausgesucht habt, betretet ihn nur mit liebevollen und friedlichen Gedanken. Diese kleine Ecke ist wie eine Eichel des Friedens. Sie wird sprießen und erst zu einem jungen Baum, dann zu einer riesigen Eiche heranwachsen, die euer Zuhause mit Frieden erfüllt und beschützt.

Beginnt damit zunächst in eurem Heim, um später nach und nach weitere Friedenseicheln an anderen Stellen einzupflanzen. Wählt die Orte des Friedens gemeinsam mit anderen gleich gesinnten Seelen aus. Ein kleines Fleckchen vor einem Geschäft in der Einkaufsmeile kann dazu ebenso geeignet sein wie irgendein anderer Winkel eurer Stadt. Wenn ihr diesen kleinen Raum mit friedvollen Gedanken betretet, wann immer ihr in der Nähe seid – mag es auch nur für ein paar Momente sein –, bepflanzt und hegt ihr einen Platz des Friedens.

Viele Bäume – wenn auch nicht alle – sind Verankerungsplätze für den Frieden auf dem Planeten Erde. Wenn ihr euch gesammelt habt und euch ruhig fühlt und an solch einem Baum vorbeikommt, sendet ihm beim Ausatmen Frieden und atmet eurerseits seinen Frieden ein. Damit stärkt ihr die Friedenspunkte auf dem Planeten und werdet selbst zu Ankerplätzen des Friedens – zu Menschen, die Frieden ausstrahlen.«

Ein spirituelles Gesetz besagt, dass das, worauf wir unsere Aufmerksamkeit richten, wächst und mächtiger wird. Der Friedensengel schärfte mir ein:

Konzentriere dich auf den Frieden,
dann wird sich die Furcht auflösen.
Konzentriere dich auf die Liebe,
dann wird der Hass verschwinden.
Konzentriere dich auf die Freude,
dann wird sich der Kummer verflüchtigen.
Pflanze Blumen an, dann kann
sich kein Unkraut breitmachen.

10

Spiritueller Balsam

Eine Botschaft der Friedensengel lautete:

>*»Du kannst nicht in Frieden leben,*
>*solange du irgendjemandem oder irgendetwas erlaubst,*
>*Macht über dich zu haben. Wenn jemand*
>*oder etwas so starken Einfluss auf deine*
>*Gedanken und Gefühle hat, dass du davon beeinflusst*
>*wirst, kannst du nicht in Frieden leben.«*

Mit einer stabilen, unversehrten Aura sind wir absolut geschützt, und es kann uns niemand beeinflussen. Ist unsere
Aura aber aufgrund unserer negativen Gedanken an irgendeiner Stelle beschädigt, sind wir verletzlich und nicht in der
Lage, tiefen Frieden zu empfinden. Eine Aura, die wir durch
unsere eigenen starken, positiven Gedanken stabilisiert haben,
ist undurchdringlich und gibt uns ein Gefühl von Sicherheit.

Wenn wir die Engel darum bitten, unsere Aura zu streicheln, eilen sie sofort herbei. Dadurch wird unsere Aura

gestärkt, sodass sie wie ein Schutzschild alle negativen Energien von uns abwehrt.

Unsere himmlischen Helfer versichern mir immer wieder, dass sie nur darauf warten, helfen zu dürfen. Aber wir müssen sie darum bitten!

Wir können sie sogar auffordern, anderen Menschen zu helfen, und sie werden gerne dazu bereit sein, weil sie auf unsere Energie reagieren. Wenn Sie auf der Straße die Sirene eines Krankenwagens hören, bitten Sie die Engel um ihren liebevollen Beistand für die Person in Not. Sie können sicher sein, dass Sie damit starke positive Kräfte in Gang setzen.

Die Friedensengel erinnerten mich an die Heilung eines Klienten, den ich hier George nennen will. Sie fügten hinzu, dass sie immer bereit sind, mit Menschen zu arbeiten, wenn sie nur dazu aufgefordert werden.

George war ein sehr liebenswürdiger Mensch, spirituell gesinnt und voller guter Absichten, aber in seinem Innern herrschte ständige Aufruhr. Er litt unter dem Gefühl der Hilflosigkeit, und es hatte sich eine dichte Wolke von Ärger und Wut um ihn herum aufgebaut. Negative Emotionen reißen jedoch Löcher in unsere Aura, und genau dies war bei George geschehen. Seine schützende Aura wies so viele Löcher auf, dass sie praktisch durchlässig war. Als Folge davon litt George unter ständigem Energiemangel und erkrankte schließlich. Er suchte nach der Ursache des Problems.

Während einer Sitzung vertraute er mir an, dass er in einem früheren Leben unter der Folter sein Volk verraten hatte. Als ich anfing, mit ihm zu arbeiten und die Augen schloss, sah ich augenblicklich, dass Hunderte von Schnüren wie Wasserschläuche an ihm befestigt waren. Als ich einem dieser Schläuche bis zu seinem Ursprung folgte, erkannte ich am anderen Ende eine in Dunkelheit gehüllte Menschenmenge. Die dunkle Energie war das Resultat der Furcht und der Wut jener Menschen, die George verraten hatte. Noch immer war jeder von ihnen durch eine Schnur mit ihm verbunden, und selbst jetzt noch wälzten sich ihre Furcht und Wut durch die Schnur wie Schlamm durch ein Rohr.

Wäre seine Aura stark und unversehrt gewesen, hätte sie ihn natürlich vor dem Eindringen der negativen Energien schützen können, aber seine Schuldgefühle und seine Wut öffneten ihnen den Zugang. Unabhängig davon, ob die Menschen, die George damals verraten hatte, bereits ein neues Leben auf der Erde führten oder nicht, waren die Verbindungen zwischen ihnen und ihrem Verräter immer noch aktiv. Auch an seine Feinde banden ihn noch immer Schnüre der Wut.

Da diese verhängnisvollen Schnüre seine Aura durchbohrten und ihn immer wieder mit seiner Schuld konfrontierten, konnte er keinen Frieden finden, nicht zu seiner eigenen Stärke finden und war äußerst anfällig für negative Einflüsse.

Der Engel sprach zu mir: »Du weißt, dass wir Engel darauf warten, ja, uns danach sehnen, helfen zu dürfen. In der Woche bevor George dich um Rat fragte, spürte er genau, welche Bedeutung die Sitzung für sein Leben haben würde, aber er kannte nicht den Grund. Du hast uns – die Engel des Lichts – zu Hilfe gerufen.

Als du uns das erste Mal um Gnade für George gebeten hast, wurden gewaltige Räder in seinem Leben in

Gang gesetzt – und du hast sie mit spirituellem Balsam gesalbt. Wie sehr wir Engel uns darüber freuen, um Hilfe gebeten zu werden, hast du ja bei seiner Heilung gesehen. Nachdem du George auf die Begegnung mit uns vorbereitet hattest, konnten wir alle Schnüre lösen und die Seelen jener Menschen, die er verraten hatte, ins Licht führen.«

Wenn für einen Menschen die Todesstunde gekommen ist, weisen ihm die Engel den Weg zur nächsten Etappe seiner Reise. Unsere Gebete stellen dabei eine große Hilfe dar. Es kommt vor, dass Seelen der diesseitigen Welt verhaftet bleiben, weil sie entweder zu sehr an den materiellen Dingen hängen oder durch negative Emotionen, wie Begierde, Habgier oder Wut an diesen Planeten gebunden sind. Die Engel helfen zwar auch diesen Seelen bei ihrem Übergang, aber oft brauchen sie unsere Unterstützung dazu. Allgemeine und spezielle Gebete für solche Seelen schätzt das Universum ganz besonders.

Indem die Engel die Seelen, die an George gekettet waren, befreiten, bewirkten sie, dass sie stärker, gesünder und glücklicher werden konnten.

Viele von uns beschweren sich ständig darüber, dass sie dies und jenes nicht haben können und anderes wiederum nicht haben wollen. Das spirituelle Gesetz lautet: »Wohin die Aufmerksamkeit gelenkt wird, da fließt auch die Energie hin.« Wenn wir uns also ständig beklagen und murren, werden wir mit noch mehr unerwünschten Dingen konfrontiert. Konzentrieren wir uns dagegen auf das, was wir wirklich haben möchten, so entsteht dadurch die nötige Energie, um diese Dinge in unserem Leben auch zu verwirklichen.

Wenn wir uns immer wieder für das, was wir haben, bedanken, dann wachsen diese guten Dinge ins Unermessliche an. Solange sich Kinder mürrisch und rein automatisch für etwas bedanken oder immer mehr haben wollen, macht es ihren Eltern wenig Freude, ihnen etwas zu schenken. Wenn sich Kinder aber mit freudestrahlendem Gesicht von ganzem Herzen bedanken, wollen ihre Eltern ihnen immer mehr geben.

Mit der universellen Energie verhält es sich genauso. Wenn wir uns von Herzen für all die schönen Dinge in unserem Leben bedanken – für Freunde, Gesundheit, unsere guten Eigenschaften, die Gaben und Talente, mit denen wir bedacht wurden –, werden die Engel ihr Füllhorn des Überflusses über uns ausschütten. Es heißt ja nicht umsonst, dass man seine Segnungen zählen solle.

Sich zu bedanken reinigt und klärt die Aura.
Dank ist spiritueller Balsam,
der Reichtum in unser Leben zieht.

11

Zeremonien- und Ritualengel

Immer wenn ein Vertrag geschlossen, eine Verbindung eingegangen oder ein Gelübde abgelegt wird, ist mindestens ein Engel anwesend. An einer Festlichkeit mit »Glanz und Gloria« nehmen buchstäblich ganze Engelscharen teil. Sie helfen mit, die Bedeutung des Ereignisses zu bekräftigen und seine gesetzmäßige Gültigkeit zu bestätigen.

Beim Austausch von Gelübden wird der Vertrag in der Akascha-Chronik aufgezeichnet, in der all unsere Gedanken und Taten – gute wie schlechte – aufgezeichnet werden. Gleichzeitig erscheint ein Engel, der das Projekt überwachen soll. Bei einer Heirat zum Beispiel wird dem Brautpaar ein Engel zugewiesen, der als flüsternde Stimme des Gewissens und der weisen Führung dafür sorgt, dass die Liebe der beiden Partner allen Krisen und Versuchungen trotzt. Da der Zustand des Verliebtseins ein Zustand des Lichts ist, sind wir für den Einfluss der himmlischen Helfer offen, wenn wir verliebt sind – gleich, ob wir diese Helfer nun wahrnehmen oder nicht. Aus diesem Grund sind Liebende von diesem wunderbaren

Gefühl der Freude und des überschwänglichen Glücks erfüllt. Mit der Hilfe der Engel können sie das Beste im anderen sehen.

Wenn eine Ehe eine reine Zweckheirat war oder keiner der Beteiligten die Verbindung wirklich von ganzem Herzen eingegangen ist, wird sie von der geistigen Welt nicht als echte Ehe angesehen, und ihr wird kein Engel zugewiesen. Wenn eine Beziehung ihre Leichtigkeit verloren hat, fangen wir an uns zu verschließen und sind nicht mehr für die Hilfe der Engel empfänglich, die dennoch geduldig darauf warten, dass wir uns ihnen gegenüber wieder öffnen.

Bei einer Hochzeitsfeier erschallen die Chöre der Engel, sie jubeln und erfüllen das Paar mit Liebe und himmlischem Gelächter. Seit der Erfindung der Digitalfotografie kann man die Engel als Orbs auf den Fotos wahrnehmen. Mit großer Freude habe ich beobachten dürfen, dass auf den Fotos, die auf Hochzeiten, Jahrestagen und Feiern aufgenommen wurden, immer Scharen von Engeln anwesend sind, die auch immer die Geister verstorbener Angehöriger mitbringen. Wenn wir Menschen uns doch ihrer Gegenwart etwas mehr öffnen könnten, wie viel heiterer und lustiger könnte das Leben sein!

Auch bei einer Taufe oder einem entsprechenden Ereignis in anderen Religionen sind immer Engel zugegen. Auch bei der anschließenden Feier erfüllt ihr himmlischer Jubel die Luft. Die Engel überstrahlen die Feier mit göttlicher Freude und geben dem Kind starke positive Energien mit auf den Lebensweg.

Jeder Meilenstein auf unserer Erdenreise wird von den Engeln gefeiert. Sie kommen zu Geburten, Taufen, Geburtstags- und Einweihungsfeiern ebenso wie zu Festen anlässlich eines Jubiläums, einer Beförderung oder eines Stellenwechsels und segnen durch ihre liebevolle Gegenwart auch Weihnachts- und Osterfeste. Engel lieben Feste geradezu! Mit »Feste« meine ich allerdings keine wüsten Trinkgelage, sondern echte Festlichkeiten, bei denen Menschen zusammenkommen, um sich von Herzen zu erfreuen und Dank zu sagen.

Gäbe es Trennungs- oder Scheidungsfeierlichkeiten, würden die Engel sicherlich daran teilnehmen, um uns ihren Segen und ihre schützende Energie mit auf den neuen Weg zu geben. Dann würde unser Leben sicherlich einfacher und fröhlicher verlaufen.

Wenn wir unseren Geburtstag ehren und uns darüber freuen, schenken uns die himmlischen Wesen, die auf unserer Geburtstagsfeier erscheinen, positive Energie für das kommende Jahr. Immerhin war es etwas Besonderes, zur Welt zu kommen, und der Geburtstag ist der Jahrestag unserer Ankunft. In der jenseitigen Welt stehen die Seelen Schlange, um sich auf der Erde verkörpern zu dürfen, weil dieser Planet so großartige Möglichkeiten des spirituellen Wachstums bietet. Auf keiner anderen Welt im Universum können sich Seelen so schnell weiterentwickeln. Wenn wir uns dieser Tatsache vollkommen bewusst wären und uns voller Respekt dazu entschließen würden, ihr gemäß zu leben, würden wir jeden Augenblick mit Begeisterung und Freude begrüßen. Jeden Morgen würden wir erwartungsvoll die Augen aufschlagen und uns fragen: »Wie kann ich mich heute weiterentwickeln? Was kann ich an diesem Tag dazulernen? An welchen Herausforderungen kann ich mich messen? Welche

Ängste kann ich überwinden?« Und dann würden wir sagen: »Vielen Dank für diese Gelegenheit.«

An einem meiner Geburtstage ging ich nach draußen und machte einige Aufnahmen des leeren Nachthimmels. Auf einem der Fotos war ein wunderschöner grüngelb-blauer Engel-Orb zu sehen, der sich wie ein Bogen über mir spannte und mich mit seiner Energie überschüttete. Daneben sah ich einen Liebesengel. Gemeinsam mit Kathy Crosswell hatte ich das Buch *Orbs*[7] geschrieben, und nun konnte ich sehen, dass sich in diesem Orb neben den Erzengeln Michael und Raphael auch Wywyvsil befand, Kathys Führer. Uns wurde mitgeteilt, dass Wywyvsil mir Kathys Grüße zu meinem Geburtstag übermittelte. Dabei wusste sie nicht einmal, dass ich Geburtstag hatte, aber für die geistigen Welten gibt es keine Geheimnisse!

Stellen Sie sich nur einmal vor, wie viel die Engel zu Weihnachten zu tun haben, um allen Menschen Liebe zu bringen. Liebevolle Gedanken und gute Wünsche sind niemals verschwendet, denn die Engel werden sie aufnehmen und in die Energiefelder derjenigen Menschen einspeisen, für die sie gedacht waren. Nehmen Sie sich zu Weihnachten ein paar Minuten Zeit, um voller Liebe eines einsamen Menschen zu gedenken. Das könnte für diesen Menschen einen großen Unterschied bedeuten.

---

7 *Orbs. Boten der Liebe, Heilung und Weisheit.* Ansata Verlag, München 2009. *Orbs. Wegbereiter für den Aufstieg ins Licht.* Ansata Verlag, München, 2010

Die Engel bringen auch die Geister verstorbener An- gehöriger und Freude mit, besonders bei wichtigen An- lässen. Wenn ich ein Foto von einer Familienfeier sehe, sind darauf immer Engel, die verstorbene Angehörige mitbringen, damit diese an der Feier teilnehmen kön- nen.

Früher feierte man alle Übergänge mit rituellen Fes- ten – beispielsweise die Ankunft des Frühlings, das Ein- setzen der Regenfälle oder die Mondphasen. So gaben auch Aussaat und Ernte Anlass zu Feierlichkeiten, und der aufgehenden wie der untergehenden Sonne brachte man einen feierlichen Gruß dar.

Bei uns zu Hause veranstalten wir bei Vollmond stets einen Meditationsabend, der allen offensteht. Wir laden die Engel ein teilzunehmen, und sie erhöhen durch ihre machtvolle Gegenwart die Schwingung unserer Energie. Engel lieben die heilige Kraft der Rituale.

Natürlich sind Engel auch bei Beerdigungen anwesend und lassen ihre Jubelchöre erschallen. Für spirituell ent- wickelte Menschen ist der Moment, in dem wir unse- ren physischen Körper hinter uns lassen und ins Licht gehen, ein Grund zur Freude. Ein Medium namens Jack erzählte mir die Geschichte vom Unfalltod seines bes- ten Freundes. Alle anderen weinten, schrien und stan- den völlig unter Schock, als sie hörten, dass er gestor- ben war, aber Jack sah zu, wie sein Freund voller Freude auf die Engel zu eilte, die gekommen waren, um ihn ab- zuholen.

Die meisten Menschen, die sterben, brauchen unsere Gebete. Die Engel nehmen unsere Gebete auf und leiten sie an die richtige Stelle, um der betreffenden Person bei ihrem Übergang zu helfen. Mit ihrem herrlichen Gesang leisten sie ihrerseits dem Geist des Verstorbenen auf seiner Reise Beistand.

Zeremonien- und Ritualengel
sind bei allen Feierlichkeiten und
Übergangszeremonien zugegen.

12

Engel erhellen die Finsternis

Gerard besaß anscheinend alles im Leben: eine warmherzige liebevolle Freundin, ein Kind, das er sehr liebte, und mehrere gute Freunde. Er wurde jedoch immer wieder von dunklen Erinnerungen an Kindheitserlebnisse gequält. Eines Tages unternahm er einen Selbstmordversuch. Seine Familie war erschüttert und überredete ihn dazu, sich von mir helfen zu lassen.

Gerard kam tatsächlich zu einer Sitzung, durch die er für sechs Wochen wieder Frieden fand. Dann aber hatte er ein traumatisches Erlebnis, wodurch erneut alte Kindheitserinnerungen in ihm aufstiegen. Er verfiel wiederum in schwere Depressionen, geriet in Panik und vereinbarte einen zweiten Termin mit mir.

Stärker noch als beim ersten Mal konnte ich bei dieser Sitzung die Anwesenheit von Engeln im Raum spüren und erzählte Gerard davon. Anschließend führte ich ihn in seine Kindheit zurück, und wir luden die Engel ein, ihm bei der Heilung beizustehen.

Da stand er plötzlich in einem lichterfüllten Kreis von Engeln, die reines, weißes Licht in seinen Körper gossen.

Das war ein wunderbarer, eindrucksvoller Anblick. Mit dem zauberhaften Licht lösten sie die Verletzungen und den Schmerz des kleinen missbrauchten Kindes auf, das er immer noch in sich trug. Er begann zu schluchzen, als er die unendliche Liebe und das warme Mitgefühl der Engel spürte. Als die Tränen versiegten, erklärte Gerard bewegt, er fühle sich wunderbar.

Viele Menschen hegen starke Vorurteile in Bezug auf Selbstmord, aber die Engel urteilen natürlich überhaupt nicht. Einmal unterhielt ich mich nach einem Vortrag mit einem Mann, der mir erzählte, dass seine Tochter vor ein paar Jahren Selbstmord begangen hatte. Ich antwortete ihm, dass sie den Ruf vernommen hatte, der sie nach Hause rief, weil ihre Zeit gekommen war. Er nickte verständnisvoll und sagte, dass ein ihm bekanntes Medium ihm genau dasselbe gesagt hatte. Er war sich sicher, dass es seiner Tochter gut ging und dass sie ihm von der geistigen Welt aus half.

Eine meiner Freundinnen ist ein Medium. Sie war mit einer Familie bekannt, deren Sohn sich das Leben genommen hatte. Der Junge hatte eine Zeit lang Mühe, sich auf der anderen Seite zurechtzufinden, aber heute hilft er Jugendlichen, die unter Depressionen leiden oder Drogen nehmen. Während sie schlafen, vermittelt er ihnen, dass das Leben auch seine positiven Seiten hat. Er leistet ausgezeichnete Arbeit, die ihn auf der Seelenebene vollkommen erfüllt.

Die Engel trugen mir auf, an dieser Stelle noch einmal darauf hinzuweisen, dass jemand nur dann Selbstmord begehen kann, wenn seine Seele – auch Höheres Selbst genannt – und Gott die Erlaubnis dazu geben. Wird diese

Erlaubnis nicht erteilt, wird der Schutzengel eingreifen und verhindern, dass der Betreffende stirbt.

Ein andermal führte ich einen jungen Mann in seine Kindheit zurück. Spontan schlüpfte er in ein früheres Leben als Frau, in dem er/sie vergewaltigt worden war. Obwohl er heute im Körper eines Mannes lebte, waren die Erinnerungen und Gefühle noch immer in seinem Bewusstsein aktiv und bestimmten sein heutiges Leben.

Wir arbeiteten an den quälenden Gefühlen der Wut und der Scham, die er damals – in jenem Leben als Frau – unterdrückt hatte und die noch erlöst werden mussten. Ein Kreis von Engeln erschien und nahm ihn in seine schützende Mitte. Ich schlug ihm vor, sie um Heilung zu bitten. Die Engel nahmen ihn sehr sanft in die Mitte, und er spürte, wie sie ihn immer weiter hinauf ins Licht trugen. Dort erfuhr er eine wunderbare Heilung seiner seelischen Wunden.

Ich wusste, dass dieser Mann in einer finanziellen Krise steckte und nur über wenige Mittel verfügte, dass er sich aber seit Jahren um Heilung bemüht hatte. Als er am Ende der Sitzung bezahlte, erklärte er tief bewegt: »Diese Reise in den Himmel hinauf war wirklich jeden Cent wert.«

Von der unglaublich sanften Heilkraft der Engel wird häufig berichtet. Ein Geschäftsmann zum Beispiel hatte eine unerklärliche Angst vor Folter. Oft musste er geschäftlich in Länder reisen, in denen Menschen gefoltert wurden, und er fühlte sich immer furchtbar bedroht.

Ich führte ihn in ein früheres Leben zurück, in dem er eingesperrt und in schwere Ketten gelegt worden war, um schließlich zu Tode gefoltert zu werden. Als er diese grauenvolle Erfahrung neu durchlebte, erschien ihm ein Engel und löste seine Ketten. Das wunderbare, mitfühlende Wesen heilte seinen geschundenen Körper und trug ihn ruhig und zärtlich mit sich davon. (Das waren seine Worte.) Die Sanftheit, mit der die Engel ihn heilten und von seiner Angst befreiten, berührte ihn tief.

Die Engel der Heilung
sind mitfühlend und sanftmütig.

13

Die Engel heilen unser Herz

Engel stehen mit ausgestreckten Armen bereit, uns zu helfen. In Scharen sind sie auf unserem Planeten erschienen und warten nur darauf, dass wir sie herbeirufen. Das einzige Hindernis für ihren liebenden Beistand ist unsere mangelnde Offenheit. Gerade bei Problemen in unseren Beziehungen kann ihr Einsatz wahre Wunder bewirken.

Ann wurde von starken Selbstzweifeln gepeinigt. Sie wusste nicht, wie sie sich in der Beziehung zu ihrem Freund verhalten sollte, der an Depressionen litt. Ihre Partnerschaft war in eine ernsthafte Krise geraten.

Zu meiner Freude erschienen während unserer Sitzung Engel und deuteten an, dass sie bereit seien, mit ihr zu arbeiten. Ich beobachtete, wie zwei Engel ihre Hände auf Anns Herz legten und die vielen Wunden mit weißem Licht bestrahlten und heilten. Währenddessen entspannte sich Ann. Die Engel wandten sich ihrem Solarplexus zu, aus dem sie etwas herauszogen, das aussah wie graue Fusseln oder – so sagte Ann – wie zusammengeklebter Staub aus einem Mülleimer. Als die Engel alle grauen Fusseln entfernt und sie dem Licht übergeben hatten, füllten sie Anns Solarplexus mit einem herrlichen goldenen Licht und versiegelten ihn.

Ich erhielt daraufhin die Botschaft, Ann solle sich auf eine Anhöhe begeben, von wo aus sie ihr Leben überschauen konnte. Von dort oben erkannte sie erschüttert, dass ihre Lebensenergie eine rostig-braune Farbe angenommen hatte und ihr Freund über kränklich aussehende blassgrüne Schnüre mit ihr verbunden war. Diese Schnüre reichten bis tief in ihre Kehle, sodass sie fast daran erstickte.

Wir baten die Engel, Ann von diesen Schnüren zu befreien, und sie sandten Licht direkt zum Ursprung dieser Schnüre, sodass sie sich unter den himmlischen Strahlen in Nichts auflösten. Das war ein äußerst seltsames Gefühl.

Als alle Schnüre verschwunden waren, erklärte Ann, sie fühle sich eigenartig leer, so als sei da, wo in ihrem Körper die Schnüre gewesen waren, keinerlei Energie mehr vorhanden. Das ist verständlich, denn Ann hatte sich bisher immer bei ihrem Freund und anderen Menschen »eingestöpselt«, wenn sie einen Energieschub brauchte. Ich schlug vor, sie solle sich doch diesmal an die wartenden Engel wenden, statt wie früher nach einem Menschen zu suchen, bei dem sie sich mit der notwendigen Energie auffüllen konnte.

Als die reine, klare Engelsenergie in sie einströmte, wurde ihr klar, dass sie in keiner ihrer bisherigen Beziehungen wirklich unabhängig gewesen war. Sie war immer abhängig von ihren Partnern gewesen und hatte sich in ihrer Hilflosigkeit an diese angelehnt. Verzagt hatte sie immer geglaubt: »Wenn ich nicht verletzlich und hilflos bin, bekomme ich keine Liebe.«

Als ich sie bat, die Qualität der Liebe zu spüren, die sie erfahren würde, wenn sie nicht mehr verletzlich und bedürftig wäre, erkannte sie voller Freude, dass ihr eine viel gesündere Liebe und mehr Respekt entgegengebracht werden würde.

Sie stellte sich vor, wie ihr Leben wohl aussehen würde, wenn sie sich das momentane Gefühl von Ganzheit bewahren und ihr Leben darauf gründen würde, und zum ersten Mal fühlte sie, dass ihr Leben einen Sinn hatte. Sie erlebte sich als mächtig, stark und zuversichtlich.

Die Engel streichelten ihre Aura, um diese Gefühle in ihrem Energiekörper zu speichern, sodass sich die neuen Eigenschaften und Einstellungen verfestigen konnten. Als Ann die Augen öffnete, fühlte sie, dass sie ihr weiteres Leben mit Kraft und Vertrauen bewältigen konnte.

Als Ann einen Monat später zu einer weiteren Sitzung zu mir kam, erzählte sie mir freudestrahlend, dass sie, seitdem die Engel mit ihr gearbeitet hatten, ein warmes, goldenes Gefühl der Zuversicht in ihrem Solarplexus verspürte. Sie sei bis vor Kurzem immer sehr eifersüchtig auf den Freundeskreis ihres Lebensgefährten gewesen – selbst auf seine männlichen Freunde – und habe immer einen Wutanfall bekommen, wenn er sich mit ihnen getroffen hatte. Nachdem die Engel aber Stärke und Zuversicht fest in ihrem Solarplexus verankert hatten, veränderten sich ihre Gefühle dramatisch.

Einige Tage nach der Heilung durch die Engel rief die ehemalige Freundin ihres Partners an und erklärte, sie vermisse ihn und wolle sich mit ihm treffen. Völlig gelassen und gleichmütig reichte Ann ihm das Telefon und meinte: »Nimm es doch mit in die Küche, dort könnt ihr ungestört reden.« Sie fühlte sich ruhig und entspannt, während ihr Freund mit seiner früheren Partnerin sprach, und ihr neues Vertrauen wurde belohnt. Als er wieder ins Zimmer kam, verkündete er: »Ich habe ihr ein für alle Mal klargemacht, dass ich eine feste Beziehung habe und mich nicht mir ihr treffen will.«

Die Engel helfen uns auf eine Weise,
die optimal für unser Wachstum ist.

14

Engel sind überall

Am Ende eines meiner Seminare forderte ich die Teilnehmer auf, in der folgenden Woche so oft wie möglich nach Engeln Ausschau zu halten. Die Reaktion überwältigte mich. Es zeigte sich, dass die Engel, wenn wir erst einmal bewusst nach ihnen Ausschau halten, zu allen nur denkbaren Zeiten auftauchen. Das heißt aber nicht, dass wir plötzlich überall ätherische Wesen sehen werden, die durch die Luft fliegen.

Eine Teilnehmerin zum Beispiel ging vollkommen deprimiert dieselbe Straße entlang wie an jedem anderen Tag und blickte zufällig nach oben. Von dort sah ein steinerner, ganz von Sonnenlicht überfluteter Engel auf sie herab, den sie niemals zuvor wahrgenommen hatte. Und plötzlich verspürte sie Wärme und Geborgenheit.

Eine meiner liebsten Engelgeschichten hörte ich auf einem meiner Seminare. Sie ist wunderbar schlicht. Eileen hatte ihren sterbenden Vater bis zu seinem Tod betreut. Als sie Blumen auf sein Grab legte, war sie sehr traurig und fühlte eine hoffnungslose Leere in sich. Der Friedhof war verlassen, und sie stand eine Zeit lang am Grab und hing ihren Erinnerungen nach.

Als sie sich zum Gehen wandte und sich traurig fragte, wo denn wohl all die helfenden Engel steckten, tauchte eine Frau wie aus dem Nichts auf und kam direkt auf sie zu. Die Fremde sagte: »Sie kennen mich nicht, aber ich kenne Sie.«

Überrascht fragte Eileen: »Wer sind Sie denn?«

»Angela!«, erwiderte die Fremde. Sie verschwand und ließ Eileen verwundert, aber irgendwie getröstet zurück. Eileen wusste, dass die Engel sie daran erinnern wollten, dass sie auch jetzt bei ihr waren.

Am Ende eines weiteren, sehr intensiven Heilungsseminars fühlte sich jeder Teilnehmer von der Engelsenergie, die den Raum fortwährend durchströmt hatte, im tiefsten Inneren berührt und verändert. Als wir uns am Ende der Sitzung die Hände reichten, bemerkte ich, dass hinter allen Teilnehmern deren Schutzengel standen: Jeder Engel hatte seine Hände auf die Schultern seines Schützlings gelegt, um ihn mit seiner Liebe zu umfangen, zu unterstützen und zu beschützen. Ich bat die Teilnehmer, sich dieser Erfahrung vollkommen zu öffnen.

Als jeder Einzelne genug Zeit gehabt hatte, um das wunderbare Gefühl in sich aufzunehmen, schlug ich allen Anwesenden vor, eine goldene Blase um sich herum zu visualisieren. Anschließend berichtete ein Teilnehmer: »Ich spürte die Hände meines Engels tatsächlich physisch auf meinen Schultern. Als Sie uns aufforderten, eine goldene Blase um uns zu bilden, trat er zurück, um dem Lichtkreis Raum zu geben.«

Theresa erzählte mir, dass sie sich mit Freunden auf dem Weg zu einem meiner Vorträge in Dublin befunden hatte. Wegen des dichten Verkehrs waren sie in Sorge, dass sie nicht rechtzeitig ankommen würden. Also baten sie die Engel um Hilfe. Wenige Augenblicke später hielt ein junger Mann auf einem Motorrad neben dem Auto und fragte sie, ob sie Hilfe bräuchten. Sie nannten ihm den Namen des Hotels, nach dem sie suchten, woraufhin er nur sagte: »Folgen Sie mir.« Sie fuhren ihm durch ein Gewirr von Nebenstraßen nach.

Der Motorradfahrer trug eine Jacke mit der Aufschrift: »Goldener Sicherheitsdienst«. Als sie am Hotel ankamen – rechtzeitig! –, stiegen sie aus, um sich bei ihm zu bedanken. Da sagte er ihnen, sein Name sei Gabriel. Dann fuhr er knatternd davon.

Die Engel sind immer da,
um uns zu helfen.

15

Die Engel helfen uns loszulassen

Als Debbie zum ersten Mal zu mir kam, stand sie noch unter Schock. Ihre Mutter, der sie sehr nahestand, war notfallmäßig ins Krankenhaus eingeliefert worden und lag jetzt auf der Intensivstation im Koma. Zwar wollte Debbie lieber am Krankenbett ihrer Mutter bleiben, aber Freunde hatten sie überredet, ihren Termin bei mir einzuhalten. Einer von ihnen brachte sie fürsorglich mit dem Auto zu meinem Haus und wartete auf sie.

Kaum hatte die Sitzung begonnen, betraten mehrere Engel den Raum. Sie wiesen darauf hin, dass Debbie sich an ihre Mutter klammerte und sich von ihr lösen beziehungsweise abnabeln müsse. Nur so könne ihre Mutter frei entscheiden, ob sie ins Leben zurückkehren oder ins Licht gehen wolle. Natürlich war dies eine niederschmetternde Nachricht für Debbie, aber ihre tiefe spirituelle Einsicht ließ sie erkennen, dass die Engel die Wahrheit sprachen.

Nachdem Debbie sich entspannt hatte, bat ich sie, sich die Schnüre vorzustellen, die sie an ihre Mutter banden. Fast widerstrebend erkannte sie, dass sie beide in graue Ketten gelegt waren, und wir baten die Engel, diese zu lösen. Die Engel entfernten vorsichtig alle Ketten und befreiten so Mutter und Tochter.

Als alle Ketten entfernt worden waren, sah Debbie beglückt, dass ihre Mutter stärker geworden war, und sie selbst fühlte sich voller Kraft und größer – so als sei sie gewachsen.

Später berichtete sie mir am Telefon voller Ergriffenheit, dass *genau in dem Moment, als die geistige Abnabelung stattgefunden hatte, das Beatmungsgerät ihrer Mutter abgeschaltet worden war und sie sich im Bett aufgesetzt hatte.* Debbie war fest davon überzeugt, dass ihr Entschluss loszulassen entscheidend dazu beigetragen hatte.

Eine Woche später starb ihre Mutter. In der Woche, die ihnen noch geblieben war, hatten die beiden Gelegenheit, sich richtig voneinander zu verabschieden. Ich bin überzeugt, dass die Engel eingegriffen hatten, um dies zu ermöglichen.

Ein paar Tage nach diesem Ereignis suchte mich eine junge Frau auf, die darüber klagte, dass sie sich nicht von ihrer Familie lösen konnte. Ihr Vater, ein Wüterich und Tyrann, erpresste sie mit der Drohung, sie dürfe nie wieder das Haus betreten, wenn sie von dort ausziehen würde. Keinem in der Familie war es bis jetzt gelungen, sein eigenes Leben aufzubauen, und die häusliche Atmosphäre war von Wut, Sprachlosigkeit und Angst geprägt.

Als meine Klientin von ihrem Vater erzählte, wurde ganz deutlich, dass er sich krampfhaft an seine Familie klammerte, weil er panische Angst davor hatte, allein gelassen zu werden. Die junge Frau begriff, dass es nicht sein kluges Erwachsenen-Ich war, das sie erpresste und bedrohte. Wenn ihr Vater die Familie tyrannisierte, war er ein verschreckter, kleiner fünfjähriger Junge.

Zum ersten Mal wurde ihr bewusst, dass ihr Vater schon allein bei dem Gedanken, dass sie ihn verlassen könnte, verzweifelte, und sie empfand auf einmal Zärtlichkeit und Mitgefühl für ihn. Sie verstand jetzt, wie viel Bestätigung und Liebe er brauchte.

Ich beobachtete, wie ihre Gesichtszüge weicher wurden, als sich ihr Herz für ihren Vater öffnete. Sie begriff nun, dass er sie bereitwillig gehen lassen würde, wenn er merkte, dass sie ihn von ganzem Herzen liebte, denn dann konnte er sicher sein, dass sie ihn nicht für immer verlassen würde.

Dann kam ein Engel, der sie aus der Vogelperspektive auf ihre Familie hinuntersehen ließ. Sie sah viele wütende, fordernde Gesichter, aus denen Furcht und Unsicherheit sprachen. Die ganze Familie war in einer schwarzen, sirupartigen Masse gefangen, aus der sie sich nicht befreien konnte. Der Engel goss goldenes Licht in den klebrigen Brei, der auch die junge Frau festhielt, und befreite meine Klientin nach und nach aus ihrem unangenehmen Gefängnis. Wir baten ihn, auch die übrige Familie aus der zähen Masse zu erlösen, worauf er die schwarze, klebrige Energie sanft entfernte und weiteres goldenes Licht in ihre Körper goss.

Schon nach kurzer Zeit zog der Bruder der jungen Frau von zu Hause aus, und sie selbst fühlte sich jetzt frei, über ihr Leben selbst zu entscheiden.

Die Engel lieben die Freiheit
über alles, und sie helfen auch uns,
frei zu sein.

16

Mit Engeln heilen

Eine meiner Klientinnen, eine bildhübsche junge Frau, hatte in ihrem Leben schon eine Menge Verluste erlitten und manche Entbehrungen erlebt, als sie zu mir kam. Ich erzählte ihr von meinem Plan, ein Buch über Engel zu schreiben, woraufhin sie sich spontan dazu entschloss, ihre ergreifenden Erfahrungen während unserer Sitzungen zu schildern.

Die Engel heilen tiefe Verletzungen

Als ich zuerst zu Ihnen kam, war ich sehr verängstigt und frustriert. Ich hatte als Kind oft im Krankenhaus gelegen und wurde von der ständigen Angst gequält, was mir wohl als Nächstes zustoßen würde.

Wir arbeiteten mit meinem gepeinigten inneren Kind, um ihm Lebendigkeit und Kraft zu verleihen. Nachdem ich die Dreijährige in mir wieder zum Leben erweckt hatte und sie in meinem Solarplexus zu spüren begann, geschah etwas Wunderbares. Zwei Engel erschienen, um mir zu helfen. Sie zogen einen sehr langen, schwarzen, dicken Strick aus meiner Kehle, der seinen Anfang in meinem Solarplexus hatte. Ich war verblüfft, denn ich konnte tatsächlich spüren, was mit mir geschah.

Dann sahen wir uns ein anderes Ereignis an, etwas, das mir als Sechsjährige große Angst eingejagt hatte. Die Engel leisteten wieder Beistand. Sie ließen schwarzen Rauch aus meinem Solarplexus abziehen und trugen die rauchgeschwärzte Sechsjährige in mir hinauf zum göttlichen Quell. Das war ein so wunderbares Gefühl, dass ich nicht mehr zurückkehren wollte.

Die Sitzung war sehr bewegend, und ich war überglücklich über die viele Hilfe, die ich erfahren durfte. Ich war froh und glücklich, dass es eine Methode gab, um derartig tiefe seelische Wunden und negative Lebensmuster zu heilen.

Ängste loslassen

Einige Wochen später suchte ich Sie erneut auf. Die Woche davor war furchtbar für mich gewesen, weil Gefühle aus der Vergangenheit in mir aufgestiegen waren, die mich völlig unkontrolliert überfluteten. In erster Linie war es die Angst, verlassen und allein gelassen zu werden, und das Gefühl, unerwünscht und ungeliebt zu sein.

Jeden Morgen wachte ich sehr früh auf und hatte das grauenhafte Gefühl, mir würde das Herz zerrissen werden. Die Empfindungen waren so heftig und so unangenehm, dass ich mich am liebsten umgebracht hätte, um den Schmerz zu lindern. Ich war mir völlig darüber im

Klaren, dass es sich um Gefühle aus längst vergangenen Zeiten handelte; doch obwohl ich mehrere Monate an mir gearbeitet hatte, um mich selbst annehmen und lieben zu können, hatte ich ihnen nichts entgegenzusetzen und wusste nicht mehr weiter.

Während der Sitzung erblickten Sie mehrere Engel, die einen Krug mit goldener Flüssigkeit trugen. Diese verteilten sie sanft über meine Aura, und wieder staunte ich sehr, denn ich konnte die Energie der Engel tatsächlich spüren.

Anschließend arbeiteten wir mit meinem inneren Kind, und erneut schalteten sich die Engel ein. Sie wollten die Neunjährige in mir in die heilenden Strahlen des kosmischen Lichts emporheben und mich hinauf zum göttlichen Quell tragen. Sie, Diana, fragten mich, ob ich die Reise antreten wollte, auf der ich eine vollständige Reinigung erfahren würde. Ich hatte Angst davor, stimmte dann aber doch zu, denn ich war am Ende meiner Kräfte!

Sie baten mich, Licht einzuatmen und alle negativen Emotionen wie Ärger, Schuldgefühle und Eifersucht auszuatmen. Dann stellte sich ein Engel rechts, der andere links neben mich, und beide trugen mich hinauf zu Gott. Auf dem Weg ins Licht wurde mir übel, dann spürte ich Trauer und Verzweiflung. Als ich den göttlichen Quell erreichte, kniete ich vor den Herren des Karma, welche die Akascha-Chronik verwalten, nieder. Durch ihre Gnade würde sich all mein Elend für immer auflösen.

Rechts und links von mir stand ein Engel, und ich blickte in strahlendes weißes Licht. Die Engel legten mir ein weißes Kreuz auf die Stirn und ihre Hände auf mein Herz. An das weiße Kreuz erinnere ich mich besonders deutlich, weil ich seine Wärme und seine Form auf Stirn und Gesicht spüren konnte – und in diesem Augenblick waren ganz plötzlich mein Unwohlsein, die Depression und die Verspannungen in Schultern und Nacken verschwunden!

Ich sah mich selbst, wie ich mit dem weißen Kreuz auf der Stirn vor den Herren des Karma auf den Knien lag, bis es für mich Zeit war zurückzukehren. Ich wäre am liebsten dortgeblieben und hätte dieses wunderbare, außergewöhnliche und heilige Gefühl noch länger ausgekostet, aber es sollte nur ein paar Sekunden anhalten.

Ich war völlig erstaunt angesichts der Intensität meiner Empfindungen! Später erklärten Sie, Sie hätten noch niemals jemanden auf diese Art und Weise zum göttlichen Quell geschickt, und mir stünde eine Menge Hilfe zur Verfügung.

Seit jener Sitzung sind die schrecklichen Ängste, verlassen zu werden, nicht mehr aufgetreten, und ich vertraue voll und ganz auf die heilenden Fähigkeiten der Engel.

Depressionen überwinden

Die dritte wunderbare Heilung durch Engel erlebte ich, als eine schwere Depression mir jede Lebensfreude geraubt hatte. Sie hielt bereits seit zwei Wochen an, und ich versuchte alles, um mich daraus zu befreien, fiel aber immer wieder in dieses schwarze Loch zurück.

Die Depression nahm mich ganz und gar gefangen und hatte tief greifende Auswirkungen auf meine Arbeit, weil ich völlig den Blick für das richtige Maß verloren hatte. An diesem Punkt wusste ich, dass ich aus dieser Finsternis nur noch mithilfe der Engel herauskommen konnte. Ich kam zu Ihnen, und tatsächlich eilten die Engel wieder zu Hilfe!

Ich sah mein inneres Kind gefangen in einer schwarzen Schlangengrube. Die Engel entfernten die Schlangen, füllten das Loch in meinem Solarplexus mit goldenem Licht und hoben mein inneres Kind ins Licht.

Es schien so einfach, und doch war es unglaublich eindrucksvoll, denn die Depression verschwand augenblicklich, und zwar für immer!

Seither bin ich ganz versessen auf Engel! Ich bitte sie oft um Heilung und Hilfe. Ich habe zwar niemals direkt einen gesehen, aber ich glaube zu spüren, dass mich eine ganze Gruppe von regenbogenfarbenen Engeln ins Licht emporhebt, wobei ich ihre warme Energie deutlich wahrnehmen kann. Sie haben sogar mein Pferd geheilt, als es zu ersticken drohte.

Ich danke Ihnen von ganzem Herzen, dass Sie mir den Zugang zur Engelwelt ermöglicht haben!

Sie braucht mich jetzt nicht länger als Vermittlerin, denn sie kann die Engel selbst zur Heilung einladen.

Rufen Sie die Engel an,
und bitten Sie um Heilung. Sie werden
zu Ihnen kommen.

17

Farbengel

Moderne Ärzte setzen Ultraschall ein, um negative Energien aufzulösen, die sich zum Beispiel in schmerzenden Gelenken festgesetzt haben. Sie setzen ultraviolette Strahlen ein, um bestimmte Gewebearten zu durchdringen und so viele Beschwerden zu lindern. Es ist also erwiesen, dass man mit Schall und Farben wirkungsvoll heilen kann. Es handelt sich dabei jedoch um eine sehr aggressive Anwendung dieser Energien – so, als ob man eine Nuss mit einem Vorschlaghammer knacken würde.

Jede Farbe hat ihre eigene Schwingung und Energie, die wir zwar bewusst vielleicht nicht wahrnehmen, die jedoch in unserem Unterbewusstsein ihre Wirkung entfaltet. Hellrot energetisiert uns beispielsweise, Grün schenkt uns Gelassenheit und Blau besänftigt uns. Mit Gelb können wir uns besser konzentrieren und Indigo wirkt beruhigend. Die Farbe unserer Wände hat einen Einfluss auf unser Wohlbefinden. Wir wählen unbewusst immer genau die Farben, die unsere Persönlichkeit widerspiegeln oder die uns etwas geben, dessen wir bedürfen.

Wenn die entsprechenden Farben zur Heilung des Körpers eingesetzt werden, dringen sie tief in die Körperzellen ein und erfüllen sie mit positiver Energie oder lösen negative Energien darin auf. Jede Krankheit spricht auf ihre spezifische Farbe an.

Krebs reagiert beispielsweise auf Grün, der Farbe des Herz-Chakras. Während der Anwendung muss unser Herzzentrum offen und entspannt sein, damit die Farbe ihre Wirkung entfalten kann. Menschen, die unter Schock stehen oder deren Geist nach Ruhe verlangt, sprechen auf Indigo an, und wer unter Depressionen leidet, reagiert besonders gut auf warme Rot- und Orangetöne.

Dass das Heilen mit Farben sehr wirkungsvoll ist, wird zunehmend auch in Fachkreisen anerkannt. Einige Heiler haben ein gutes intuitives Farbgespür und finden genau den geeigneten Farbton heraus, der ihren Patienten zu helfen vermag. Bei anderen ist diese Intuition nicht so ausgeprägt, und sie sind sich deshalb häufig nicht sicher, ob sie die richtige Farbe ausgesucht haben.

Die Engel der Farbe stehen uns dabei immer zur Seite, auch wenn uns dies nicht bewusst ist. Immer wenn wir an eine Farbe denken und sie auf jemanden projizieren, hilft uns ein Engel dabei. Wenn wir die Engel der Farbe um Hilfe bitten, uns entspannen und ihnen die Führung überlassen, können wir gewiss sein, dass sie die passenden Farben aussuchen werden und dass der Patient den größtmöglichen Nutzen daraus ziehen kann.

Es ist eher kontraproduktiv, sich dabei allzu stark zu konzentrieren. Es genügt, dass wir entspannt und aufmerksam sind, damit die Engel durch uns wirken können.

Wenn wir Farben visualisieren wollen und uns nicht sicher sind, welche Farbe die richtige ist, können wir uns immer auf weißes Licht konzentrieren, denn dabei können wir nichts falsch machen. Da in der Farbe Weiß alle anderen Farben des Spektrums enthalten sind, können die heilenden Engel jene Farben, derer die betreffende Person am ehesten bedarf, selbst aussuchen und mischen.

Weiß ist eine sehr reine, schützende Farbe, und wenn wir uns in weißes Licht einhüllen, sind wir unantastbar. Wir können davon ausgehen, dass die Engel in diesem Fall sehr machtvoll präsent sind.

Als ich auf einem Seminar über die Kraft des weißen Lichts sprach, erzählte eine Teilnehmerin folgende Geschichte: Sie war schon immer hellsichtig veranlagt und konnte seit der Kindheit die Energiefelder von Menschen wahrnehmen. Zu jener Zeit arbeitete sie als Verkäuferin und musste einmal wöchentlich eine beträchtliche Summe Geldes mit nach Hause nehmen. Eines Abends – es war Winter und schon dunkel – stand sie nach der Arbeit an einer Bushaltestelle und wartete auf den Bus. In ihrer Handtasche befanden sich die gesamten Tageseinnahmen des Geschäfts.

Da sah sie im Dunkeln einen Jugendlichen auf sie zukommen, und sie erkannte an der aggressiven Energie, die er ausstrahlte, dass er sie überfallen wollte. Verspannte sie sich und hielt ihre Tasche fest, wie es die meisten getan hätten? Nein. Im Gegenteil, sie entspannte sich so gut es ging und hüllte sich in weißes Licht. Mit geschlossenen Augen stand sie ruhig da und wartete ab. Sie hörte, wie der junge Mann immer näher kam. Plötzlich jedoch stockte sein Schritt, und als sie die Augen öffnete, sah sie, wie der junge Mann seine Hand nach ihrer Tasche ausstreckte, sie aber nicht ergreifen konnte, da eine unsichtbare Mauer ihn von seinem Opfer zu trennen schien. Auf seinem Gesicht stand unbeschreibliches Entsetzen. Er machte voller Angst kehrt und rannte davon, so schnell er konnte.

Ihre Entspannung und die Visualisierung des weißen Lichts hatte den Beistand der Engel herbeigerufen.

Als ich diese Geschichte einem Anwalt erzählte, lächelte er wissend und berichtete mir von seiner eigenen Erfahrung mit der Kraft des weißen Lichts. Er sagte, es sei das erste Mal gewesen, dass er dazu Zuflucht genommen habe, aber er sei fest davon überzeugt, dass es ihm das Leben gerettet hatte.

Eines Tages war er in Europa zusammen mit einigen Freunden im Auto unterwegs. Sie fuhren gerade mit hoher Geschwindigkeit auf der Autobahn, als er plötzlich eine drohende Gefahr spürte. Er stand vor der Wahl, sich entweder der schrecklichen Angst hinzugeben oder den spirituellen Kräften zu vertrauen, die ihm zur Verfügung standen. Er beschloss, sich zu entspannen und sich mit weißem Licht zu schützen. Als er das getan hatte, lehnte er sich beruhigt in seinem Sitz zurück, weil er wusste, dass nun alles in Ordnung war.

Als sie mit halsbrecherischer Geschwindigkeit dahinrasten, platzte dem Auto vor ihnen mit einem Mal ein Reifen. Es schlitterte quer über die gesamte Straße, aber wie durch ein Wunder – oder aufgrund der schützenden Macht der Engel und des weißen Lichts – stieß es nicht mit ihnen zusammen, und sie überstanden die gefährliche Situation völlig unverletzt.

Müssen wir vertrauen, damit weißes Licht uns hilft? Wie alles andere gehorcht auch das weiße Licht den geistigen Gesetzen des Universums. Je tiefer wir uns entspannen und je mehr wir vertrauen, desto leichter können die Engel mit uns in Kontakt treten und uns helfen.

Ich bin fest davon überzeugt, dass der Glaube eines einzigen Menschen stärker ist als der Zweifel vieler Menschen zusammengenommen.

Auf einem Seminar erzählte mir Celia, dass sie einst mit einer Freundin zu einem Seminar für Heilung fahren wollte. Sie hatten sich etwas verspätet, waren jedoch davon überzeugt, einen Parkplatz zu finden. Sie fuhren mehrere Male um den Häuserblock, konnten aber keinen freien Platz finden. Endlich stießen sie auf eine Parklücke, die sich jedoch in einer Reihe von Autos befand, die verbotenerweise in zweiter Reihe parkten. Celias Freundin war sich sicher: »Heute tun wir Gottes Werk. Hier können wir unbedenklich parken.« Sie stieg aus und hüllte das Auto in weißes Licht.

Celia war ganz außer sich angesichts der Ruhe und Sorglosigkeit ihrer Freundin. Den ganzen Vormittag dachte sie besorgt darüber nach, ob sie wohl einen Strafzettel bekommen würden, aber ihre Freundin nahm davon keine Notiz. In der Mittagspause wollte Celia nachsehen, ob das Auto tatsächlich einen Strafzettel bekommen hatte oder sogar abgeschleppt worden war. Ihre Freundin fand das lustig, denn sie wusste, dass Engel das Auto beschützen würden, aber Celia drängte sie nachzusehen.

Bei allen anderen Autos auf der Straße hing ein Strafzettel an der Windschutzscheibe, nur ihr Auto war verschont worden.

Celia war verblüfft. Als sie daran dachte, wie viele Sorgen sie auf den Parkplatz projiziert hatte, wurde ihr klar, dass die Engel des weißen Lichts viel stärker als ihre negativen Gedanken gewesen waren.

Engel sind stärker als unsere
Zweifel und Ängste.

18

Gebäude-Engel

Jedes Gebäude hat einen Engel, der sich darum kümmert. Wenn Sie Ihr Haus oder Ihre Wohnung verlassen, können Sie den Gebäude-Engel bitten, darauf aufzupassen. Er wird sein Möglichstes tun, um Wasserschäden zu verhindern, die Stromleitungen in Ordnung zu halten und ganz allgemein für Sicherheit zu sorgen.

Sendet jemand einem Mitglied des Haushalts negative Gedanken oder ist einer der Hausbewohner wütend, wird der Engel entweder Elementarwesen zu Hilfe rufen, welche dann die energetische Atmosphäre reinigen, oder Erzengel Gabriels Läuterungsengel herbeirufen, damit diese ihr Licht über dem Haus scheinen lassen. Gelegentlich kommt es auch vor, dass Erzengel Zadkiels Engel kommen, um negative Energien umzuwandeln. Der Engel des Gebäudes sorgt auch dafür, dass die Elementarwesen, die in dem Haus leben, zufrieden sind.

Nur weil wir die Wesen, die in anderen Dimensionen leben, nicht sehen oder hören können, heißt das noch lange nicht, dass sie nicht da sind und nicht Einfluss auf unser Leben haben.

Jenny war sehr medial begabt und stand in engem Kontakt mit den Elementarwesen, die in ihrem Haus lebten. Der oberste Hausgeist war sehr vorlaut und deutete mehrmals an, dass Jenny eine Menge Ärger bekommen würde, falls sie irgendetwas am Haus ändern sollte. Trotzdem beschloss sie, ein Fenster zu vergrößern. Als sie sich einmal mit einer Freundin darüber unterhielt, sah sie, dass der Hausgeist sehr wütend war. In diesem Augenblick wurde ihr klar, dass sie mit ihm über das Fenster reden musste, um ihn zur Zusammenarbeit zu bewegen. Sie tat genau das, und siehe da: Er erwies sich sogar als äußerst kooperativ, zeigte sich von seiner charmantesten Seite und sorgte dafür, dass die Bauarbeiter leichtes Spiel hatten.

Jenny erzählte auch dem Gebäude-Engel von ihrem Plan und erklärte ihm, warum sie ein größeres Fenster haben wollte. Dadurch übertrug sie ihre Vision von mehr Licht in der Küche, von Glück und Geselligkeit auf den Engel, der seinerseits die größere göttliche Vision für das ganze Haus aufrechterhielt. Die Umbauarbeiten gingen ohne Probleme über die Bühne. Später erzählte sie mir, dass sich alle Besucher gerne in der Küche aufhalten, weil nun die Sonne hereinscheint und sie auf den Garten hinausblicken können.

Von dem Augenblick, in dem ein Gebäude im Geist des Architekten oder des Baumeisters entsteht, wird ihm ein Engel zugeteilt, der sich darum kümmert. Die Qualität des Projekts und die dahinterstehende Absicht ziehen einen Engel der entsprechenden Schwingungsfrequenz an, denn alles im Universum unterliegt dem Gesetz der Anziehung, das besagt: Gleiches zieht Gleiches an.

So wie der Schutzengel den göttlichen Plan und die Vision eines perfekten Lebens aufrechterhält, so bewahrt der Engel des Gebäudes den göttlichen Bauplan, damit das Gebäude optimal genutzt werden kann. Er wird die Bauarbeiten von Anfang an überwachen. Er kann allerdings nur beobachten, was die Menschen, die das Haus später bewohnen, darin tun, weil er sie lediglich mit Liebe und Licht überschütten kann, denn er darf nicht in ihren freien Willen eingreifen. So können die Bewohner tun, was immer sie tun wollen. Gebete und Visualisierungen unterstützen den Engel des Gebäudes, der dann mit diesem Zufluss positiver Energie arbeiten kann.

Bürogebäude, Schulen, Gefängnisse, Krankenhäuser und alle größeren Gebäude haben ebenfalls Engel, die sich darum kümmern. Wenn ein Gebäude als Krankenhaus genutzt werden soll, wird einer von Erzengel Raphaels Heilungsengeln mit dem Gebäude-Engel verschmelzen, damit der geistige Fokus des Gebäudes auf Heilung gerichtet bleibt.

Wenn genügend viele Menschen dafür beten, dass in einem Krankenhaus Mitgefühl, Liebe, Frieden, Heilung und Umwandlung herrschen mögen, dann werden zusätzliche Engelenergien mit dem Engel des Krankenhauses verschmelzen, um ihm bei seiner Aufgabe zu helfen. Tausende Engel sind in der Nähe von Heilstätten zu finden, und wenn man die richtigen Gebete an sie richtet, werden sie über dem Gebäude und dem Gelände singen, um die Heilenergie im Licht zu bewahren.

Eine Krankenschwester namens Suzie arbeitete in einem Krankenhaus, in dem die Energie sehr lichtvoll war. Sie erzählte mir, dass sie immer genau wusste, welche Patienten bald genesen würden, weil sie die Heilungsengel über ihnen sehen konnte. Sie wusste auch, wann ihre Zeit zum Sterben gekommen war, weil sie die Engel sehen konnte, die gekommen waren, um den betreffenden Patienten auf den Übergang vorzubereiten.

Sie erzählte mir von einem Mann, der sich ans Leben klammerte, weil er unbedingt noch einen Film fertigstellen wollte. Dennoch wurden die lebenserhaltenden Maßnahmen eingestellt. Einige Minuten lang war er sehr zornig, aber als er das Licht sah und die Liebe der Engel spürte, war er überglücklich frei zu sein. Suzie konnte sehen, wie er vor Glück und Staunen lachte.

Wird eine Kirche geweiht, fügen die entsprechenden Engel ihre Energie der des Engels hinzu, der für das sakrale Gebäude verantwortlich ist. Wird eine Kirche geschlossen, wird sie wieder entweiht, damit der Engel sich anderen Aufgaben zuwenden kann.

Wäre es nicht wunderbar, wenn es beim Bau jedes Hauses und bei jeder anderen Bautätigkeit eine Zeremonie geben würde, mit der das Gebäude einem höheren Zweck geweiht wird? Die Liebe und Freude, die dabei entsteht, würde sich positiv auf die Bewohner auswirken, und sie würden ständig vom Engel des Gebäudes Inspiration empfangen.

Denken Sie daran, sich mit den Engeln
aller Gebäude, in denen Sie leben
oder die Sie besuchen, anzufreunden.

19

Die Engel erhören unsere Gebete

Joanna gestand mir, sie hätte schreckliche Angst vor der Sitzung gehabt, in der sie den sexuellen Missbrauch in ihrer Kindheit aufarbeiten wollte. Kurz vor dieser Sitzung hatte sie folgenden Traum:

Ich bin eine amerikanische Ureinwohnerin und lebe mit meinem Mann bei meinen Eltern. Ich liebe ihn von ganzem Herzen, und wir haben eine sehr enge Beziehung.

Eines Tages kam ein Soldat, der im Bürgerkrieg gekämpft hatte und verrückt geworden war, zu unserem abgeschieden gelegenen Blockhaus. Mit seinem großen Gewehr erschoss er die ganze Familie und die Tiere und sagte dann zu mir: »Ich werde meinen Samen in dich einpflanzen, damit du mich nie mehr vergisst.« Als er mich immer wieder vergewaltigte, presste ich die Muskeln zusammen, um bloß nicht schwanger zu werden.

Mir fiel auf, dass Joanna den Traum zunächst erzählte, als wäre er Gegenwart. In dem Moment, als er anfing, ihr Pein zu bereiten, distanzierte sie sich davon, indem sie in der Vergangenheitsform weitererzählte.

Als Joanna aus diesem so wirklichkeitsnahen Traum erwachte, wurde ihr klar, dass es sich um ein Erlebnis aus einem früheren Leben handeln musste. Sie begriff, dass sie ihr ganzes gegenwärtiges Leben auf den Partner gewartet hatte, der auf so grausame Weise ermordet worden war. Unter Tränen erzählte sie mir, sie habe sich Männer stets vom Leib gehalten, und sei immer noch Jungfrau.

Weiter vertraute sie mir an, dass ein Geschäftspartner ihres Vaters, der ihre Familie häufig zu Hause besucht hatte, oft ihre Genitalien berührt hatte, als sie drei Jahre alt war. Sie traute sich damals nicht, irgendjemandem davon zu erzählen, denn er hatte ihr gedroht, dass er dann ihre Eltern umbringen würde.

Als sie mit ihrer Geschichte zu Ende war, erschienen Engel. Ich beobachtete, wie sie Joanna umringten und ihr Herzzentrum von grauenhaften schwarzen Schlangen befreiten.

Sie forderten Joanna auf, die Augen zu schließen und sich in ihre Kindheit zurückzuversetzen, in die Zeit, als sie drei Jahre alt war. In der Gewissheit, dass die Engel sie beschützen würden, ließ sie sich darauf ein. Sie war nun in der Lage, dem Mann, der sie missbraucht hatte, mit neuem Mut und Selbstbewusstsein entgegenzutreten. Als er erneut drohte, ihre Eltern umzubringen, lachte das Kind Joanna nur und nannte ihn einen Feigling.

Ich forderte sie auf, ihren Vater ins Zimmer kommen zu lassen und ihm zu erzählen, was passiert war. Sie tat es und war sehr erstaunt über das, was dann geschah. »Papi hat ihn geschlagen«, rief sie aus. »Ich hätte nicht geglaubt, dass er das tun würde.« Zum ersten Mal in ihrem Leben war ihr klar geworden, dass ihr Vater nicht nur in der Lage gewesen war, sie zu verteidigen, sondern dass er es auch getan hätte, wenn er davon gewusst hätte.

Ihr Vater sagte zu ihr: »Du hast es verdient, mit Liebe und Respekt behandelt zu werden.« Ihr wurde bewusst, dass sie sich niemals einer anständigen Behandlung für würdig gehalten hatte. Ihr Vater fuhr fort: »Ich verstehe jetzt, warum du kein Vertrauen zu mir haben konntest. Ich habe immer eine Mauer zwischen uns gespürt.«

Joanna rief aus: »Ich dachte, wenn mein Vater zulässt, dass mir jemand so etwas antut, dann wäre er auch selbst dazu fähig. Jetzt wird mir klar, dass er von der Sache nichts gewusst hat und mich, hätte er davon erfahren, verteidigt hätte. Ich bin ihm nicht länger böse. Ich wusste ja nicht, dass er keine Schuld trägt. Ich spüre jetzt, wie sehr ich ihn liebe.«

Ihre Mutter kam dazu und fiel sofort grimmig und wütend über den Täter her. Plötzlich rief Joanna aus: »Sie wusste davon. Sie wusste, dass da etwas im Gange war.«

Ich wies sie darauf hin, dass wir zwar manchmal intuitiv etwas erfassen, diesem Wissen aber nicht dieselbe Bedeutung beimessen wie einer konkreten Information. Joanna stimmte zu. »Ja, sie fühlte es wohl nur unterschwellig und hat Vati deshalb gebeten, er solle seine Geschäfte nicht mehr zu Hause abwickeln.« Joanna begriff, wie schwer das ihrer Mutter gefallen sein musste, die stets mit ihrer Unsicherheit zu kämpfen hatte, aber in diesem Augenblick instinktiv das Richtige getan hatte, um ihrem Kind zu helfen. Joanna atmete auf und sagte, sie wäre nicht mehr wütend auf ihre Mutter.

Die Engel begannen nun, die dunkle Wolke der Wut aufzulösen, die sich aus Joannas Körper gelöst hatte. Als die Dunkelheit schwand, konnten wir sehen, dass Joanna immer noch an ihre Eltern gefesselt war – mit dicken, schweren, schwarzen Ketten. Wir beobachteten, wie die Engel die Ketten zerschnitten und sie im Licht auflösten.

Schließlich eröffneten mir die Engel, dass Joannas Körper mit unsichtbaren Fäden verschlossen war, sodass sie sich für keinen Mann öffnen konnte. Ein Engel zog alle Fäden heraus, und plötzlich war sie von Hunderten von singenden Engeln umgeben.

Joannas Gesicht glühte, und ihre Augen glänzten, als sie sie wieder öffnete: »Ich bin geheilt. Ich weiß es ganz gewiss«, erklärte sie glücklich.

Sie erzählte mir anschließend, sie hätte es nie übers Herz gebracht, ihre Eltern zu verlassen, obwohl sie alles Mögliche versucht hätte. Jetzt wurde ihr bewusst, dass der Missbrauch in ihrer Kindheit sie buchstäblich an ihre Eltern gefesselt hatte.

Sie vertraute mir auch an, dass sie vor der Sitzung zu den Engeln gebetet hatte, sie möchten ihr zu Hilfe kommen. Und wir können uns sicher sein: Unsere Gebete werden immer erhört.

Ein paar Monate später sprach ich wieder mit Joanna, die mir erzählte: »Zum ersten Mal im Leben fühle ich mich ganz. Ich merke, dass ich nicht mehr außerhalb von mir nach Liebe, Unterstützung und Schutz suche. Zwar hat mir das mein Verstand schon vorher geraten, aber erst jetzt kann ich es wirklich umsetzen. Ich bin zuversichtlicher geworden und habe ein positiveres Selbstwertgefühl. Am besten kann ich die Veränderung mit den Worten ausdrücken: Ich fühle mich ganz.«

Engel, ich danke euch.

*Unsere Gebete für das höchste Wohl
werden immer erhört.*

20

Liebesengel

Wir können sehr fürsorgliche, spirituell gesinnte Menschen sein und doch mit Krankheiten oder Gebrechen zu
kämpfen haben, für die wir – was dieses Leben betrifft –
keine plausible Erklärung finden. Auch auf Larry traf das
zu. Der junge Mann konnte nur hin und wieder arbeiten, weil er furchtbare Rückenprobleme hatte und ständig müde war.

Als ich ihm half, Unbewusstes ins Bewusstsein zu bringen, um ihn an die Wurzel seines Problems zu führen, sah
er sich mit einem Mal als Neugeborenes, das voller Hass
war. Wahrscheinlich war dieser Hass bereits in einem vergangenen Leben entstanden, und Larry hatte ihn in seiner Seele mit in dieses Leben getragen. Da Larry diese
Hassgefühle nie aufgearbeitet hatte, prägten sie auch sein
heutiges Leben und wirkten sich auf seine Beziehungen, seinen ganzen Lebensweg und seinen Gesundheits-
zustand aus.

Mit einer Visualisierungsübung half ich ihm, sein Herzzentrum zu öffnen, und sofort traten mächtige Engel ins
Zimmer und befreiten sein Herz mit ihrer unendlichen

Liebe und Barmherzigkeit von dem finsteren Hass. Anschließend erfüllten sie es mit Licht und Frieden. Ein paar Tage später teilte mir Larry beglückt am Telefon mit, er fühle sich wie ausgewechselt.

Die Engel der Liebe sind schneeweiß. Häufig reisen sie gemeinsam mit Erzengeln und anderen Engeln und strahlen Liebe in jeden Winkel der Erde aus. Vielfach warten sie aber auch nur irgendwo, um die Energie der göttlichen Liebe dort aufrechtzuerhalten. Wenn es sein muss, können sie sich aber sehr schnell fortbewegen, um Menschen und Tieren zu helfen. Weil sie Wesen einer besonders hohen Schwingungsfrequenz sind, berühren sie die Menschen, an denen sie vorbeikommen, und heilen sie.

Seit ich mir Fotos anschaue, auf denen Orbs, also die Lichtkörper der Engel, zu sehen sind, habe ich ein paarmal fasziniert feststellen können, dass sich die Engel immer, wenn der Fotograf sie gebeten hatte, eine Botschaft von einem verstorbenen Angehörigen aus der geistigen Welt zu übermitteln, in der Form eines Herzens versammelten – was für mich eine ziemlich eindeutig Botschaft darstellt.

Wir haben so große Angst vor unseren dunklen Seiten, dass wir diese oft verleugnen. Pauline, eine junge Frau, die schon viel an sich gearbeitet hatte, kam mit einem Eifersuchtsproblem zu mir. Erfahrungsgemäß liegt die Wurzel von Eifersucht in einem starken Gefühl der eigenen Unzulänglichkeit.

Ich fragte sie, ob sie die Ursache ihrer Eifersucht schon einmal in einem früheren Leben gesucht hätte, und erfuhr, dass sie bereits mehrere Rückführungen mitgemacht hatte. Diese hatten alle ein bisschen an der Oberfläche des

Problems gekratzt, aber keine von ihnen hatte wirklich Licht ins Dunkel bringen können. Ich war mir sicher, dass diese Sitzung erfolgreich sein würde, weil gemeinsam mit Pauline ein wunderschöner Engel den Raum betreten hatte. Mit zum Gebet gefalteten Händen schwebte er über ihr, und ich erkannte, dass wir um Gnade bitten mussten, um die Blockade aufzulösen.

Der Engel zeigte mir, dass im Kopf der jungen Frau eine Tür existierte, die mit rostigen Nägeln vernagelt worden war, und dass sich eine ganz ähnlich geartete Tür in ihrem Herzen befand! Er offenbarte mir, dass hinter diesen Türen jene Dunkelheit lauerte, die ihr so großes Unbehagen bereitete. Pauline fühlte sich so wertlos, dass sie ständig damit rechnete, ihr Partner würde sich jemand Besseren suchen.

Als ich sie in ein vergangenes Leben zurückführte, entdeckte sie, dass sie in diesem Leben als reine Seele von einer Mutter geboren wurde, die eine vom Hass erfüllte Hexe war und ihre Macht mithilfe schwarzer Magie ausnutzte. Pauline hatte sich für jenes Leben entschieden, um Licht in diese Familie der Finsternis zu bringen, doch statt ihre Bestimmung zu erfüllen, ließ sie diese grauenvolle Dunkelheit in sich ein. Sie fühlte, wie schwarze Wut und Hass auf alle Menschen und das Leben überhaupt in ihr schwelten.

Ihr wunderschöner Engel, der in den Farben Gold, Dunkelblau und Rosa strahlte, legte nun sanft seine Hände auf ihre Brust und um ihr Herz. Pauline und ich erschraken angesichts der Finsternis darin – sie war wie ein Krake, der an ihrem Herzen klebte und mit seinen riesigen Fangarmen ihren Körper umfing.

Ich erwartete, dass der Engel den Kraken entfernen und im Licht auflösen würde. Stattdessen hob er ihn jedoch sanft und liebevoll aus Paulines Herz heraus, streichelte ihn und verschwand mit ihm, um ihn anderswo zu heilen. Als er zurückkam, hob er auch Paulines Herz aus ihrem Körper und läuterte und reinigte es in einem glitzernden Wasserfall.

Als er ihr Herz wieder in ihren Körper eingesetzt hatte, hielt ich die Heilung für beendet, aber da sollte ich mich täuschen. Der Engel brachte den Kraken zurück, der sich durch göttliche Liebe in etwas gänzlich anderes verwandelt hatte. Pauline sah ihn nun als ein großes Stück Rosenquarz. Wir legten diesen in ihr Herz, und jetzt strahlte sie vor innerer Schönheit.

Als sie am Ende der Sitzung die Augen öffnete, erklärte sie unter Tränen, sie fühle, dass etwas wirklich Tiefgreifendes geschehen wäre und dass sich in ihr eine große Veränderung vollzogen hätte.

Die Engel warten mit unendlicher Liebe und unbegrenztem Mitgefühl darauf, uns zu helfen.

21

Irdische Engel

Immer wieder hört man von Menschen, die aus dem Nichts auftauchen, um anderen zu helfen, und ebenso still und unbemerkt wieder verschwinden. Viele glauben, es könne sich dabei um Engel in Menschengestalt handeln.

Eine meiner Freundinnen erzählte mir von folgendem Gespräch, das sie auf einer Party mit einer reizenden, sehr rüstigen Dame in den Siebzigern geführt hatte:

»Sie erzählte mir, sie hätte einmal vom Victoria-Busbahnhof mit dem Bus zum Flughafen Gatwick fahren wollen und bei einem Blick auf die Uhr erschrocken festgestellt, dass sie ihr Flugzeug wohl nicht mehr erreichen würde. Doch kaum hatte sie ihr Gepäck abgestellt und die Engel um Hilfe gebeten, da erschien ein kleiner schwarzer Mann, der sagte, er sei von Gott gesandt und könne ihr helfen. Er brachte sie mit ihrem Gepäck zum Schalter der British Airways, der sich auf dem Bahnhof befand, und setzte sie in den richtigen Zug, sodass sie ihr Flugzeug

doch noch erreichte. Sie ist fest davon überzeugt, dass es
ein Engel war, der ihr geholfen hatte.«

Die nächste wunderbare Geschichte erzählte mir eine Freundin, die ein ganz außergewöhnliches gesegnetes Leben führt. Sie glaubt, dass ein Erd-Engel ihr noch vor ihrer Geburt zu Hilfe gekommen war. Damals war ihre Mutter im achten Monat mit ihr schwanger und ahnte nichts von der unmittelbar bevorstehenden Geburt.

Die Familie lebte in einem kleinen Dorf auf dem Land, wo jeder jeden kannte. Ihre Mutter schrubbte gerade die Stufen vor der Haustür, als ein Fremder am Gartentor erschien und sie aufforderte, ihren Ehemann und einen Arzt kommen zu lassen und sich sofort hinzulegen, denn das Baby werde jeden Moment zur Welt kommen.

Die Stimme des Fremden klang so eindringlich, dass ihre Mutter, ohne zu zögern, gehorchte. Ihr Mann kam eilends nach Hause, der Arzt traf ein, und das Baby wurde tatsächlich innerhalb einer Stunde geboren.

Nachforschungen im Dorf ergaben, dass keiner der Dorfbewohner an diesem Morgen einen Fremden gesehen hatte.

Engel in Menschengestalt erscheinen
aus dem Nichts und verschwinden wieder, sobald
sie ihre Aufgabe erfüllt haben.

Kürzlich erhielt ich einen Brief von Patricia O'Flaherty, in dem sie von einem ganz außergewöhnlichen Erlebnis berichtet:

Im Oktober 1980 zog unsere Familie nach Norwegen, weil mein damaliger Mann beruflich dort zu tun hatte. Die Kinder waren damals acht beziehungsweise sechs Jahre alt. Es war eine ungeheure Belastung für mich. Wir hatten nur drei Wochen Zeit für die Vorbereitungen. Ich musste meine Arbeit aufgeben, den Haushalt auflösen und tausenderlei Dinge organisieren. Die ganze Zeit über hatte ich nur wenig geschlafen und mir umso mehr Sorgen gemacht, sodass ich bei unserer Abreise äußerst mitgenommen war. Nach einer vierundzwanzigstündigen Reise mit der Fähre und einer langen Autofahrt durch Schweden und Südnorwegen kamen wir in Oslo an und quartierten uns zunächst im Grand Hotel ein. Dort wollten wir zwei Wochen lang wohnen, bis wir eine Bleibe gefunden hatten.

Am ersten und zweiten Tag waren wir völlig erschöpft, schliefen viel und unternahmen nur kleinere Ausflüge mit dem Auto. Am Montagmorgen jedoch ging mein Mann voller Tatendrang zur Arbeit, und die Kinder waren munter und energiegeladen. Mir dagegen ging es miserabel, mir war übel und schwindlig, und ich zitterte vor Erschöpfung. Nach dem Mittagessen beschlossen wir trotzdem, einen kleinen Erkundungsspaziergang in der Stadt zu machen.

Wir brachen auf. Ich wollte eigentlich nicht weit gehen, aber wir verliefen uns hoffnungslos in den

Winkeln der Stadt und entfernten uns immer weiter von den Geschäften in der Innenstadt. Es wurde bereits dunkel, und die Autos fuhren mit eingeschalteten Scheinwerfern. Es war bitterkalt, und plötzlich befanden wir uns irgendwo unter einer Autobahnunterführung.

Mich überfiel helle Panik. Die Kinder waren müde. Kein Mensch war in der Nähe, und ich dachte, ich würde ohnmächtig werden, so mulmig war mir zumute. Ich erinnere mich noch, dass ich aus tiefstem Herzen um Hilfe bat. Allein würde ich mich aus diesem Schlamassel nicht befreien können.

Plötzlich tauchte aus dem Nichts ein großer, blonder Mann im Regenmantel auf. Ich achtete nicht darauf, woher er kam. Er sprach perfekt Englisch und begleitete uns mit einem freundlichen Lächeln zu unserem Hotel. Den restlichen Weg legte ich wie im Traum zurück, aus dem ich erst am Kiosk an der Ecke, wo sich das Grand Hotel befand, wieder erwachte.

Ich habe keine Erklärung für das, was uns geschehen war, aber ich bin fest davon überzeugt, dass uns ein Engel den Heimweg gewiesen hatte.

Wenn ein Kind ohne Grund jammert und mault, ignorieren wir es meistens. Wenn es aber wirklich in Schwierigkeiten oder verzweifelt ist, eilen wir ihm automatisch zu Hilfe. Wir sind Gottes Kinder, und ich habe die wunderbare Erfahrung gemacht, dass Gott uns, wenn wir wirklich in Not sind, eine Person oder einen Engel zu Hilfe schickt.

Das hat sich mir sowohl bei bedeutsamen als auch bei alltäglichen Gelegenheiten immer wieder bestätigt, seitdem ein Lichtwesen auf meinen allerersten Hilferuf geantwortet hat. Ich glaube, ich saß so tief in der Tinte, dass ich mich nur mit der geballten Hilfe der geistigen Welt aus meiner ausweglosen Situation befreien konnte.

Ungefähr ein Jahr nach meinem ersten Erlebnis mit den Engeln fühlte ich mich noch immer sehr verschreckt und einsam. Eines Abends besuchte ich einen Vortrag. Ich saß zwar in der ersten Reihe, muss aber zugeben, dass ich mich überhaupt nicht auf den Sprecher konzentrieren konnte, weil ich so mit meinen Überlebensängsten beschäftigt war. Nach dem Vortrag kam aus den hinteren Reihen ein mir unbekannter Mann auf mich zu. Er entschuldigte sich dafür, dass er während des Vortrags in meinen Gedanken gelesen hätte, er wollte mir jedoch mitteilen, dass sich meine Probleme schon bald auflösen würden. Ich solle mir keine Sorgen machen, denn ich würde von höheren Kräften geführt und beschützt.

Eine Woche später sprach mich ein Fremder auf der Straße an und übermittelte mir eine fast gleichlautende Botschaft. Ich kann mir zwar kaum vorstellen, dass es wirklich Engel waren, die mir diese hoffnungsvollen Botschaften überbrachten, aber ich nehme an, dass die beiden Männer von höheren Wesen gesandt worden waren.

Bei einer dritten Gelegenheit, als ich mich sehr verzagt fühlte und aus irgendeinem Grund zum Himmel hochblickte, sah ich riesige Hände, die sich nach oben

hin öffneten und den Himmel in wunderbarem Licht erstrahlen ließen. »Wir werden dich halten«, war ihre Botschaft. Ich traute meinen Augen kaum, aber was ich sah,
gab mir neuen Mut.

Engel in Menschengestalt helfen, ermutigen
und unterstützen uns.

22

Engel im Alltag

Es gibt Myriaden von Engeln, die den menschlichen Seelen mit der ganzen Kraft ihrer bedingungslosen Liebe beistehen. Wir brauchen nur darum zu bitten, dann geben sie uns alles, was wir brauchen.

Viele Menschen haben schon von dem Engel der Parkplätze gehört. Wenn wir nach einem Parkplatzengel rufen und ihn darum bitten, uns eine Parklücke zu beschaffen, wird er sein Möglichstes tun, um eine solche für uns bereitzustellen. Dasselbe gilt für den Engel der Ampeln. Bitten Sie Ihren Engel, er möge diese so schnell es geht auf Grün schalten, und Sie werden Ihren Weg durch den Straßenverkehr ungehindert fortsetzen können.

Ein Freund, der aus Kanada zu Besuch kam, erzählte mir, er bitte seinen Engel immer, ihn beim Autofahren vor Radarfallen und Kameras zu beschützen. Dies funktioniere erstaunlich gut. Er spüre einfach, dass er bei bestimmten Gelegenheiten instinktiv langsamer fahren würde, und später erfuhr er dann nicht selten, dass andere Autofahrer wegen erhöhter Geschwindigkeit an genau dieser Stelle geblitzt worden waren.

Etliche Leser haben mir geschrieben, ich solle diesen Abschnitt doch besser entfernen, da viele Menschen aufgrund erhöhter Geschwindigkeit sterben. Eine verständlicherweise sehr zornige Dame schrieb mir, dass ihre Schwester von einem Raser getötet worden war. Ich verspürte großes Mitgefühl mit ihr.

Für unsere irdische Wahrnehmung sind Vorfälle wie dieser schreckliche Tragödien, aber die Engel weisen uns immer wieder darauf hin, dass eine Seele sich aussucht, auf welche Weise sie ins Licht geht, und dass niemand stirbt, wenn seine Zeit nicht gekommen ist. Ich will hier nicht der Rücksichtslosigkeit im Straßenverkehr das Wort reden oder gar für die Aufhebung der Geschwindigkeitsbeschränkungen plädieren. Selbstverständlich sollten wir alle umsichtig, rücksichtsvoll und den Umständen entsprechend Auto fahren. Aber es gibt eine übergeordnete Sichtweise. Ihr Schutzengel wird auf Sie aufpassen, wenn Ihre Zeit noch nicht gekommen ist oder Sie etwas aus einem Unfall lernen sollen.

Eine Seminarteilnehmerin brachte uns alle zum Lachen, als sie erzählte, dass sie immer einen Engel darum bitten würde, ihr bei der Hausarbeit zu helfen. Bevor sie anfängt, im Haus Staub zu saugen, lädt sie ihren Staubsaugerengel ein und verrichtet diese lästige Arbeit dann beschwingt und mühelos in der Hälfte der Zeit. Als die Waschmaschine einmal einen Schaden hatte und sie einen Riesenberg Wäsche mit der Hand waschen musste, sagte sie: »Das war gar kein Problem, denn ich bat den Waschengel um Hilfe. Das Ergebnis: Die ganze Wäsche war in zwei Stunden gewaschen, und mir ging es blendend.« Anscheinend können

Engel uns enorme Energie verleihen, wenn wir sie darum bitten.

Engel strahlen so viel Freude aus! Sie helfen uns beschwingt beim Einkaufen, beim Tippen, bei der Buchhaltung – buchstäblich bei allem, was wir wollen. Ist das nicht eine unglaubliche Vorstellung: Während wir uns mit der Buchhaltung abquälen, schwebt ein Engel über dem Computer und wartet nur darauf, uns die Arbeit zu erleichtern. Wenn wir uns den Kopf zerbrechen, welches Geschenk wir kaufen sollen, gibt es einen Einkaufsengel, der sich in diesem Augenblick nichts so sehr wünscht wie uns auf das richtige Geschenk hinzuweisen!

Wir machen uns das Leben wirklich selber schwer. Dabei warten doch all die Engel nur darauf, uns den Weg zu ebnen – zumindest solange wir aufrichtige Absichten haben und reinen Herzens sind oder uns ganz der göttlichen Führung anvertrauen. Ich bin ein eher ungeduldiger Mensch, der alles immer sofort erledigt haben möchte. Das Problem dabei ist, dass ich häufig vorschnelle Entscheidungen treffe, ohne auf den Rat meiner Engel zu hören. Zwar erledige ich auf diese Weise alles, aber manchmal habe ich das Gefühl, mein Engel rauft sich die Haare vor Verzweiflung.

Vor Kurzem schrieb ich ein kleines Büchlein, das von einer Druckerei gedruckt werden sollte, die sich bislang nicht mit spirituellen Themen befasst hatte. Die gesamte Produktion verzögerte sich. Sechs Wochen lang vertröstete uns die Druckerei. Aber jede Woche ging irgendetwas in letzter Minute schief, und die Bücher kamen wieder nicht. Schließlich bat ich die Engel um Hilfe. Sie vertrauten mir an, dass die Bücher in Litauen gedruckt wurden und dass die Arbeiter dort mit den Arbeitsbedingungen sehr unzufrieden waren. Weil unser Projekt sehr spirituell war, wirkte sich die Unzufriedenheit darauf aus. Die Engel übermittelten mir auch eine Übung, mit deren Hilfe ich das Christus-Licht in das Büchlein hineinatmen konnte. Wir konnten deutlich spüren, wie dadurch die Energie aller Beteiligten angehoben wurde.

Die Engel teilten mir auch mit, dass sie die Produktion nicht beschleunigt hatten, weil sie wollten, dass das Büchlein erst in dem Moment erschien, in dem es eine neue Welle kosmischer Energie geben würde.

Die ständigen Verzögerungen drückten mir alle Knöpfe. Ich war unglaublich wütend auf die Druckerei. In mir tobte ein erbitterter Kampf, denn ich weiß ja, dass Wut kontraproduktiv ist, da sie immer auf einen selbst zurückfällt.

Zudem bin ich mir bewusst, dass es den eigenen Zorn auflöst, wenn man die Menschen segnet, die einem Unrecht getan haben, dass dadurch ihr Energieniveau angehoben wird und sich die ganze Situation verbessert. Aber es ist so schwierig, diese Erkenntnis auch immer umzusetzen! Jedes Mal, wenn die Druckerei wieder einen Fehler gemacht hatte, konnte ich beobachten, wie meine wütenden Gedanken ausbrachen. Daraufhin löste ich sie in goldenem Licht auf und bat die Engel, den Druckereiarbeitern ihren Segen zu erteilen, ihr Selbstwertgefühl und Selbstvertrauen zu stärken und ihre Effizienz zu erhöhen. Ich stellte sie mir glücklich und froh vor. Ich bin mir sicher, dass ich bei den Engeln einige Pluspunkte sammeln konnte, weil ich mich bemüht hatte, aber ich war weit davon entfernt, mich wirklich eins mit den Arbeitern zu fühlen.

Ebenso wie es Engel zu unserem Schutz gibt, so gibt es auch Engel der Barmherzigkeit, der Wahrheit, der Liebe, des Mitgefühls, der Demut, des Friedens und jeder anderen Eigenschaft, die man sich nur denken kann. Je höher unser Bewusstsein entwickelt ist, desto häufiger werden wir eher um positive Eigenschaften als um materielle Dinge bitten.

Ein spirituelles Gesetz lautet: Alles, worauf wir unsere Aufmerksamkeit richten, wird mächtiger und stärker. Wenn wir uns also auf Liebe oder Frieden konzentrieren, hilft uns ein Engel dabei, diese in unserem Leben zu verwirklichen. Natürlich gilt das auch für die negativen Eigenschaften. Wenn wir uns auf Angst, Habgier, Begierde oder ein anderes destruktives Verhaltensmuster konzentrieren, erlauben wir den dunklen Mächten, immer stärkeren Einfluss auf unser Gefühlsleben und unser Schicksal zu gewinnen.

Engel schenken uns vor allem Hoffnung. Sie versuchen stets, uns in Zeiten der Not den Rücken zu stärken und uns zu trösten. Manchmal sind wir zu niedergeschlagen, um ihre Gegenwart zu spüren, doch sie bemühen sich unermüdlich darum, uns wieder aufzurichten. Wenn unser Karma es zulässt, schicken sie jemanden, der uns aufheitert.

Mein Sohn Justin erzählte von einer lustigen Begebenheit, die sich einmal in einer überfüllten U-Bahn zutrug. Während der Fahrt fiel ihm eine Frau auf, die alle Mitfahrenden finster anblickte. Sie strahlte so viel Unglück und Feindseligkeit aus, dass die Atmosphäre im Abteil immer dicker wurde. Als die Bahn hielt, stieg ein junger Mann zu, setzte sich neben die Frau und zog zwei sehr lange dünne Luftballons aus der Hosentasche, einen roten und einen grünen.

Alle sahen gespannt zu, wie er sie aufblies und mit viel Geschick eine Rose daraus formte. An der nächsten Haltestelle stand er auf, überreichte die Rose feierlich der finster dreinblickenden Dame und stieg aus. Diese strahlte plötzlich übers ganze Gesicht, als sie überrascht und glücklich auf die Ballonrose in ihrer Hand blickte. Justin merkte, dass auch er breit grinste, während er zuschaute. Er sah sich um, und alle Umstehenden lächelten voller Freude.

Auch die schwierigsten Aufgaben
und die dunkelsten Stunden sind mithilfe
der Engel zu bewältigen.

23

Die Engel helfen in Beziehungen

Serena war eine junge, überaus attraktive Frau. Sie hatte einen liebenswürdigen Mann und zauberhafte Kinder und hätte eigentlich glücklich sein können, doch hinter ihrem strahlenden äußeren Erscheinungsbild verbarg sich ein inneres Chaos. Sie war so wütend auf ihren Mann, von dem sie sich weder finanziell noch emotional unterstützt fühlte, dass sie sich schon seit mehreren Jahren geweigert hatte, mit ihm zu schlafen. Sie überlegte ernsthaft, ob sie noch so lange mit ihm zölibatär leben sollte, bis die Kinder größer waren, denn sie konnte den Gedanken nicht ertragen, dass er sie berührte. Danach würde sie sich wohl scheiden lassen.

Ich half ihr, sich ihrer blockierenden Verhaltensmuster bewusst zu werden, und sie willigte ein, sich zu entspannen und die Engel um Hilfe zu bitten. Die Engel erschienen und zeigten mir, dass Serenas Herz von schweren Verletzungen gezeichnet war. Sie streichelten und beruhigten das Herz auf ihre unbeschreiblich sanfte, liebevolle Art, bis die Wunden verheilt waren.

Dann wandten sie sich Serenas Solarplexus zu. Er war wie ein staubiger Keller – bis zum Rand gefüllt mit alten Erinnerungen –, und sie hatten viel zu tun, um das ganze überflüssige, belastende Gerümpel zu beseitigen und es in den Strahlen des göttlichen Lichts aufzulösen. Als sie Serenas Solarplexus gereinigt und gesegnet hatten, bat ich sie, sich ihren Mann vorzustellen.

»O, um mich herum ist alles schwarz, und er selbst ist ebenfalls ganz schwarz und rot«, rief sie. Die Verbindung der Farben Schwarz und Rot deutet stets auf eine unmittelbar bevorstehende Explosion hin. Serenas Mann war eindeutig am Ende seiner Kräfte und seiner Geduld.

Es kostete die Engel viel Zeit, bis sie Serena und ihren Mann von der ganzen finsteren Wut befreit hatten, die das Leben der beiden belastete, und alle Schnüre gelöst hatten, die sie aneinanderfesselten.

Als sie damit fertig waren, teilte mir Serena mit, was sie sah: »Wir halten uns an den Händen, unterstützen uns gegenseitig und tauschen unsere Körperflüssigkeiten aus.« Das erstaunte mich zwar sehr, aber ich bat die Engel, die Ehe der beiden weiterhin zu beschützen.

Zwei Wochen später kam Serena wieder zu einer Sitzung, und ich freute mich, wie dynamisch und strahlend sie aussah. Sie erzählte, dass sie nach der Heilung durch die Engel mit einem ganz anderen Gefühl nach Hause gegangen war und mit ihrem Mann eine leidenschaftliche Nacht verbracht hatte.

Am nächsten Tag verspürte sie zwar wieder ein wenig Wut und Angst, aber das ging vorüber, und jetzt gingen sie und ihr Mann so liebevoll und fürsorglich miteinander um wie noch niemals zuvor in ihrer Ehe und schliefen auch wieder miteinander. Sie erklärte selbstbewusst: »Ich erkenne jetzt ganz deutlich, was ich zu der Beziehung beitragen kann, nicht was er tun soll. Ich habe auch genaue Vorstellungen davon, wie ich mein Berufsleben gestalten werde, damit mein Mann und ich gemeinsam die Familie ernähren können. Ich fühle mich zum ersten Mal in meiner Ehe glücklich und ausgefüllt.«

Sie erwähnte noch, dass eine Freundin, die ihre Familie vor vier Monaten besucht hatte, bei einem erneuten Besuch über den Unterschied in ihrer Beziehung völlig verblüfft war. Sie konnte es kaum glauben, dass in so kurzer Zeit so wundersame Veränderungen geschehen können!

Wir leben zwar auf der materiellen Ebene, aber unser Geist bewegt sich auch in anderen Welten – zum Beispiel auf der emotionalen, astralen, mentalen oder geistigen Ebene. Die Erfahrungen, die wir dort machen, haben einen tief greifenden Einfluss auf unsere körperliche Existenz.

Ein Beispiel: Ein Paar mit drei kleinen Kindern hatte sich immer mehr voneinander entfremdet. Sie war aus verschiedenen Gründen ziemlich wütend auf ihn. Ihr Mann, den ich hier Jack nennen will, fand, ihr Zorn sei nicht gerechtfertigt, und er wusste nicht, wie er damit umgehen sollte. Schließlich hatte er keine Ahnung, was er falsch gemacht haben könnte.

Ich fragte die Engel, was dieser Wut wohl zugrunde lag. Sie antworteten mir, dass Jack auf der Astralebene jede Nacht eine Affäre hatte. Unbewusst hatte seine Frau dies gespürt. Ich fragte weiter, ob er wüsste, was er nachts tat, und sie antworteten, dass er keine Ahnung davon hatte.

Als ich Jack das nächste Mal sah, erzählte ich ihm alles. Er war einerseits sehr amüsiert, fühlte sich aber auch vollkommen machtlos, weil er nicht wusste, was er tun könnte. Ich schlug ihm vor, die astralen Schnüre zu der Frau auf der Astralebene zu durchtrennen und zu dekretieren, dass er sie freigeben und unter keinen Umständen wieder Kontakt mit ihr haben würde. Er stimmte zu.

Zwei Wochen später berichtete er mir, dass sich die Beziehung immens verbessert hatte. Ich sprach auch mit seiner Frau und konnte erfreut feststellen, dass sich ihre Wut in Luft aufgelöst hatte und dass sie nun von einer Aura des Friedens umgeben war. Mir wurde klar, dass sie die Veränderung, die sich auf den inneren Ebenen ereignet hatte, gespürt hatte.

Wenn es ihnen gestattet wird, werden
die Engel ihr Möglichstes tun,
um die Partner einander näherzubringen.

24

Interdimensionale Portale

Alle Berge, Flüsse, Felsen und Bäume haben eigene Engel, die über sie wachen und die Elementarwesen beaufsichtigen, die in ihnen am Werk sind.

Wenn wir die Kraft eines Berges oder eines Wasserfalls spüren, haben wir uns auf die Energie des jeweiligen Engels eingestimmt, der diesen Platz behütet.

Auf der Erde gibt es Kraftorte, von denen sich Menschen magisch angezogen fühlen, weil sie dort unbeschreiblichen Frieden und Gelassenheit erfahren. Meistens handelt es sich dabei um Orte von wunderbarer Naturschönheit, die jeden Menschen in Staunen und Ehrfurcht versetzen. Wenn ich mir Fotos solcher Orte anschaue, überrascht es mich immer wieder, wie viele Schutzengel-Orbs sich dort versammeln. Die Engel haben mir mitgeteilt, dass Schutzengel diese Orte hoher Energie aufsuchen, um dort Prana aufzunehmen, das sie dann an den Menschen in ihrer Obhut weitergeben. Die Engel dienen uns grenzenlos.

Einige dieser Kraftorte sind interdimensionale Portale. Sie ermöglichen die Kommunikation zwischen den Menschen und den Wesen aus anderen Dimensionen. Wenn wir eines dieser Portale aufsuchen, öffnen wir uns für Eindrücke, Visionen, intuitive Einsichten und alle anderen spirituellen oder übersinnlichen Botschaften.

Viele dieser interdimensionalen Tore lassen sich nur zu einer Seite hin öffnen, das heißt, allein den höheren Wesen ist es erlaubt, den Energiewirbel, der die Sphären voneinander trennt, zu durchschreiten, um Kontakt mit uns aufzunehmen. Einige wenige aber sind in beide Richtungen begehbar, und durch sie können wir Botschaften aus dem Universum empfangen sowie unsererseits Mitteilungen ins Universum hinaussenden. Stonehenge in England zum Beispiel ist solch ein Tor, das lange Zeit geschlossen war, jetzt aber für Sphärenwanderer beider Dimensionen wieder offen steht. Das mächtigste interdimensionale Tor auf der Erde ist Machu Picchu in Peru. Außerdem gibt es noch eines in Tibet und eines in den Ruinen von Groß-Simbabwe in Afrika.

Nur durch diese Pforten können Wesen anderer Dimensionen unseren Planeten betreten, und sogar Engel benutzen sie gern, um auf die Erde zu gelangen. Wenn wir diese Tore, diese kostbaren Eintrittspunkte, aber nicht schützen, können auch dunkle Engel und gefährliche außerirdische Wesen eindringen.

Ursprünglich zählten diese Portale zu den bedeutendsten Heiligtümern der Menschheit, an denen nur besonders geschulte Eingeweihte Zeremonien abhielten und diese Orte liebevoll bewachten. Während der letzten paar Tausend Jahre haben wir es versäumt, sie zu beschützen und sie mit Licht zu erfüllen – was katastrophale Auswirkungen für die ganze Erde hat.

Vor ein paar Jahren fuhr ich mit einigen Freunden nach Machu Picchu. Wir hatten auf der Reise schreckliche Albträume. Erst bei unserer Rückkehr erfuhren wir, dass dunkle Mächte versucht hatten, uns anzugreifen. Weiter wurden wir informiert, dass der heilige Ort das Licht, das wir ihm sandten, aufgesogen hatte wie ausgedörrte Erde einen sanften Regenschauer. Für mich war jedenfalls das Meditieren und Om-Singen in Machu Picchu der Höhepunkt der ganzen Reise.

Wenn Menschen mit ehrlichen Absichten und spiritueller Einsicht Stonehenge, Machu Picchu und andere Portale besuchen oder auch nur an sie denken, werden diese durch das dabei ausgesandte Licht automatisch geschützt. Wir können durch diese interdimensionalen Tore auch Liebe und Lichtenergie ins Universum hinaussenden.

Der mächtige Thot, der während des goldenen Zeitalters Hohepriester in Atlantis war und später in Ägypten zum Gott erklärt wurde, ist der Wächter des Portals von Machu Picchu. Er lässt die türkisfarbenen Engel der Kommunikation und ihre Helfer hindurch, die für die Kornkreise verantwortlich sind. Kornkreise sind Symbole, die wie Schlüssel wirken und uns Zugang zu dem universellen Wissen in uns verschaffen. Wir brauchen nicht jedes Symbol mit dem Verstand zu entschlüsseln, denn die Botschaften wirken unbewusst.

1996 entstand gegenüber von Stonehenge ein riesiger Kornkreis. Ich erfuhr, man habe ihn dort geschaffen, um die Energie des interdimensionalen Portals zu verstärken. Die kodierte Botschaft des Symbols handelte von intergalaktischen Reisen. Sie forderte die Menschen auf, im Traumzustand durch dieses Portal zu schreiten und in andere Sphären zu reisen, um mehr über die Unermesslichkeit des Universums zu erfahren. Dadurch wird sich das Bewusstsein der Menschheit erweitern.

Immer wenn sich Menschen in einen echten Kornkreis setzen, verbinden sie sich mit den Engeln.

Viele der bösen Kräfte konnten in den vergangenen Jahrtausenden auf unserem Planeten Fuß fassen, weil wir Menschen die heiligen Schutzrituale vernachlässigt und auf der Erde so viel Negativität und Furcht verbreitet haben. Unsere eigene innere Finsternis nährt das Bewusstsein der dunklen Engel und ermöglicht es ihnen, auf der Erde zu leben und zu wirken. Wenn wir aber statt Furcht und Negativität positive Gedanken denken und Frieden und Liebe ausstrahlen, können sie uns nichts anhaben und uns auch nicht beeinflussen.

All jene, die sich für den Krieg aussprechen, sind den Einflüsterungen der dunklen Engel verfallen. Die Engel des Lichts sprechen immer nur von Frieden.

Damit wir die Nähe und den Beistand der vielen positiven Lichtwesen und Engel erfahren können, müssen wir sie durch die Aussendung von Liebesenergie anziehen, denn diese ist auch für die Engel Nahrung. Sie wollen genau wie wir geliebt und wertgeschätzt werden. Wenn wir Liebe, Dankbarkeit und andere hohe Schwingungen durch die Portale ins Universum hinausprojizieren, laden wir das höhere Bewusstsein zu uns ein.

In dieser Zeit des Bewusstseinswandels auf der Erde müssen wir unbedingt Licht durch die Ley-Linien zu den

Pyramiden schicken. Von dort aus wird es dann zu anderen Planeten und Galaxien gesandt.

Wir können auch durch die interdimensionalen Portale Licht in die kosmischen Energiebahnen schicken, welche die Erde mit anderen Planeten verbinden. Auf diese Weise kann die Erde wieder auf Kurs gebracht werden und von Neuem ihren rechtmäßigen Platz im Universum einnehmen. Natürlich ist es sinnvoll, ständig möglichst viel Liebe, Licht und positive Energie auszusenden. Wenn wir jedoch unseren Ruf nach Liebe und himmlischer Hilfe durch die interdimensionalen Portale schicken, dringt er noch weiter ins Universum vor, wo hoch entwickelte Lichtwesen wie der universelle Engel Butyalil darauf reagieren können. Wenn wir die Engel um Hilfe bitten, lenken sie unsere Strahlen der Liebe und des Lichts an den am besten dafür geeigneten Ort.

Ich bin sehr glücklich darüber, dass heute von der Menschheit ein so großes Licht in das Universum hinaus geht, dass die Einhörner darauf reagiert haben und zum ersten Mal seit dem Untergang von Atlantis auf die Erde zurückgekehrt sind. Einhörner sind siebendimensionale Wesen, die zur Engelhierarchie gehören und dazu beitragen wollen, die Sehnsüchte unserer Seele wahr werden zu lassen.

Licht enthält spirituelles Wissen und spirituelle Informationen. Die Finsternis ist nichts weiter als die Abwesenheit des Lichts. Wenn wir sagen, dass jemand im Dunkeln tappt, dann sagen wir in Wirklichkeit, dass er kein spirituelles Wissen hat. Der Besuch von Kraftorten ist besonders gut dazu geeignet, sich der universellen Weisheit, die uns zur Verfügung steht, schneller zu öffnen.

Indem wir Licht und Liebe aussenden,
helfen wir der Erde,
ihren rechtmäßigen Platz im Universum
wiedereinzunehmen.

25

Die Engel und das Reich der Natur

Engel sind Hüter der Natur, und sie fördern ihr Wachstum ebenso liebevoll, wie sie sich um die Entwicklung des Menschen sorgen. Ihre Aufgabe ist es hier vor allem, das Wirken der Elementarwesen zu überwachen, die sich unermüdlich um das Wohlergehen der Natur kümmern. Dazu gehören unter anderem Feen, Elfen, Wichtel, Gnome, Sylphen, Salamander, Kobolde und Faune. Auf der Erde muss wirklich niemand seinen Weg alleine gehen. Engelwesen, die Gemllia genannt werden, haben eine noch höhere Schwingungsfrequenz als Schutzengel und kümmern sich um die Elementarwesen.

Wo diese Elementarwesen in nächster Nähe zu Menschen leben, werden sie von unseren Emotionen beeinflusst. Ein Beispiel mag das veranschaulichen: Salamander, die Feuerelementarwesen, hüten das Feuer. Wenn wir uns in heiterer Stimmung rings um ein fröhlich loderndes Feuer versammeln, sind auch die Salamander freudig am Werk. Auf ärgerliche und aggressive Menschen können Salamander dagegen mit einer verheerenden Feuersbrunst reagieren. Wenn ein Haus oder ein Stadtviertel abbrennt, sind die Ursache dafür häufig Salamander, die sich an den aufgewühlten und oft unterdrückten Emotionen der dort lebenden Menschen entzündet haben.

Feuer kann auch reinigend wirken. Bei Feuerbestattungen helfen die Salamander dabei, alte Verhaltensmuster, schlechte Angewohnheiten und negative Gedanken der Verstorbenen aufzulösen, die sich sonst auf noch lebende Familienmitglieder übertragen könnten.

Wenn sich in einem Land viel Negativität angesammelt hat, die umgewandelt werden muss, wird Feuer als eines der Elemente eingesetzt, um das Alte zu beseitigen. Empfinden die Menschen zum Beispiel bei einem Waldbrand große Angst oder großen Zorn, nehmen die Elementarwesen diese Gefühle auf, und das Feuer wird vollkommen außer Kontrolle geraten.

Da heute die großen Feuersbrünste im Fernsehen gezeigt werden, haben wir die Möglichkeit, den Salamandern beruhigende Gedanken zu senden und die Engel des Friedens und der Umwandlung zu bitten, der betroffenen Region zu helfen.

Folgende lustige Geschichte erzählte mir Pamela Russell aus Evesham. Sie war einst Besitzerin eines Einrichtungsgeschäfts, das in einem kleinen Häuschen untergebracht war, welches wiederum zu einem alten denkmalgeschützten Gebäude gehörte.

Früher hatte dort viele Jahre lang eine alte Dame gelebt, die später in ein Altersheim ging und dort irgendwann starb. Sie hatte ihr Zuhause sehr geliebt, und man spürte noch heute oft ihre Anwesenheit in diesen Wänden. Sie war auch jetzt noch äußerst spitzbübisch: Wenn Pamela ihren Lieblingsfingerhut beim Nähzeug liegen ließ, was des Öfteren geschah, verschwand dieser manchmal spurlos. Nachdem alle im Geschäft fieberhaft, aber erfolglos danach gesucht hatten, befahlen sie dem Geist der alten Dame, ihn zurückzubringen, und am nächsten Morgen lag er prompt mitten auf dem Tisch! Dies geschah offensichtlich immer dann, wenn ein neuer Mitarbeiter eingestellt wurde. Es war, als wolle der Geist der alten Dame nur prüfen, wer ihre Wohnung betreten hatte, und von der betreffenden Person anerkannt werden. Also ließ sie die Mitarbeiter des Hauses ihre Gegenwart so lange spüren, bis sie mit ihren Tricks Aufmerksamkeit erregt hatte und ihr Anerkennung bezeugt worden war. Sobald sie den Neuankömmling akzeptierte und sich von diesem wiederum akzeptiert fühlte, versteckte sie den Fingerhut nicht mehr.

Immer wenn der Fingerhut verschwand oder man die Anwesenheit der alten Dame spürte, erfüllte lieblicher Blumenduft den Raum. Man konnte den Duft von Levkojen, Maiglöckchen und Wicken wahrnehmen. Die Schwiegertochter der alten Dame erzählte Pamela, dass ihre Schwiegermutter zu Lebzeiten Blumensträuße und Kränze aus jenen duftenden Gartenblumen gefertigt hatte.

Eines Tages brach in dem Geschäft ein Feuer aus. Nachdem das Chaos beseitigt und der Laden neu gestrichen war, kehrte die alte Dame nie mehr zurück. Ich vermute, die Feuerelementarwesen verbrannten die alten Erinnerungen an ihr Zuhause, sodass sie beschlossen hatte, das Häuschen endlich zu verlassen und ins Licht zu gehen.

Die Elementarwesen der Luft heißen Sylphen und sind kleiner als Kolibris. Ihre Hauptaufgabe besteht darin, das Sonnenlicht in die Blätter von Blumen und Pflanzen zu bringen. Sie halten auch die Luft um die Blumen herum sauber, weshalb wir Menschen freier atmen können, wenn wir uns in der Natur aufhalten. Wenn ich in die Nähe einer Vase komme, atme ich jedes Mal tief ein, und das ist nicht nur dem Duft der Blumen zuzuschreiben. Unbewusst ist mir wohl klar, dass die Luft um die Blumen herum sauberer ist.

Die Sylphen helfen auch den Vögeln beim Fliegen. Einmal sah ich zu, wie ein dickes aufgeplustertes Amselbaby von seinen Eltern gefüttert wurde. Als ich näher kam, flogen die Eltern weg und ließen das Junge zurück. Es versuchte zu fliegen, konnte es aber nicht. Also beschloss ich in seiner Nähe zu bleiben, falls eine Katze in den Garten kommen sollte. Das Junge hüpfte verschreckt herum, und ich wusste nicht, was ich tun sollte, bis mir die Sylphen einfielen. Als die kleine Amsel wieder einmal mit den Flügeln schlug, bat ich die Sylphen die Luft unter ihren Flügeln zu sein und ihr beim Fliegen zu helfen. Es funktionierte! Der kleine Vogel flog über den Zaun und auf einen Baum hinauf. Mir entfuhr ein Stoßseufzer der Erleichterung. Endlich konnte ich ins Haus gehen und das Abendessen zubereiten.

Sylphen lächeln uns aus einer sanften Sommerbrise zu, können sich aber auch zu rasenden Tornados oder Hurrikanen entwickeln. Die Sylphen verbinden sich mit unserer unterdrückten Wut und bringen sie für uns als Sturm zum Ausdruck. Dabei blasen sie die geistigen, emotionalen und spirituellen Spinnweben weg.

Wenn jemand sagt, er werde den Elementen trotzen, dann meint er damit eigentlich, dass er sich der entfesselten Energie der Luft-, Wasser-, Feuer- oder Erdgeister stellen will.

Zu den Elementarwesen der Luft gehören auch die Feen. Sie sind sehr rein und unschuldig und kümmern sich um die Blumen. Wenn wir organische Gartenarbeit betreiben und sich die Feen geborgen und geliebt fühlen, helfen sie den Blumen und dem Gemüse dabei, zu wachsen und zu gedeihen. Ich kenne viele Menschen, die Feen tatsächlich gesehen haben und sie in ihren Gärten, ja sogar in Blumenkästen beherbergen.

Ich weiß, dass es in meinem Garten viele Feen gibt, weil auf den Fotos, die ich dort mache, sehr viele Feen-Orbs auftauchen, die Stecknadelköpfen gleißenden Lichtes ähneln. Mit dem nackten Auge habe ich jedoch erst einmal in meinem Leben eine Fee gesehen. Es geschah in der *Findhorn Foundation*, der beeindruckenden spirituellen Gemeinschaft in Schottland. Sie ist berühmt für ihr wunderbares Gemüse, das im Einklang mit der Natur angebaut wird. Dort ist der Schleier zwischen den Welten sehr dünn.

Das Erlebnis mit der Fee werde ich nie vergessen. Es geschah, als ich gerade einem Vortrag lauschte. In der Mitte des Raumes stand eine Schale mit Katzenminzenblüten, in deren Mitte eine Kerze brannte. Die Blätter der Katzenminze sind silbrig, ihre Blüten aber haben eine wunderschöne malvenfarben-blaue Farbe. Erstaunt und erfreut erblickte ich plötzlich ein strahlendes Licht, das genau die Farbe der Blüten hatte, über der Vase schweben. Es war eine etwa dreißig Zentimeter große Fee, die genau wie Tinkerbell aus dem Buch *Peter Pan* aussah, das ich als Kind so gern gelesen hatte – nur dass sie schimmerte, glänzte und strahlte, wie ich es nie erwartet hätte.

Ich beobachtete, wie sie über den Blüten schwebte und sie umkreiste. Als ich den Blick abwandte und kurz darauf wieder hinsah, war sie immer noch da. Sie war viel faszinierender als der Vortrag, aber schließlich musste ich mich wieder auf die Arbeit konzentrieren, und die wunderschöne Fee entschwand aus meinen Blicken.

Ich dachte früher, Feen wären lediglich niedliche kleine Elementarwesen. Heute weiß ich, dass sie unterschätzt werden, denn in Wirklichkeit sind sie mächtige Wesen, die mit den Einhörnern und Engeln zusammenarbeiten, um die Energie auf der Erde aufrecht zu halten. Jede Gruppe von Feen hat einen Engel, der sie beaufsichtigt.

Die Undinen, also die Wassergeister und Meerjungfrauen, kümmern sich um die Meerespflanzen. Übersinnliche begabte Seeleute aus früheren Zeiten sahen gelegentlich diese Meerjungfrauen und waren von deren Unschuld, Reinheit, Freude und dem Licht, das sie ausstrahlten, wie verzaubert.

Die Gnome sind Elementarwesen der Erde, die mit Steinen, Mineralien und Edelsteinen tief in der Erde arbeiten. Eines Winterabends kam ein Freund nach Einbruch der Dunkelheit zu mir nach Hause. Als er den Weg zu meinem Haus hinaufkam, machte ich einige Fotos, um zu sehen, ob Orbs darauf wären. Zu meiner Überraschung war auf einem Foto ein riesiger Liebesengel zu sehen, der die blaue schützende Energie Erzengel Michaels auf eine Hecke projizierte. Ich fragte die Engel, warum er da wäre, und sie antworteten, dass er einige Gnome beschützen würde, die dort Zuflucht gesucht hatten. Wieso sie denn Schutz bräuchten, fragte ich weiter. Der Engel beschützte die Gnome vor uns Menschen und zwar nicht, weil wir ihnen etwas antun wollten, sondern weil unsere Schwingung so anders war.

Interessanterweise fotografiere ich häufig riesige Liebesengel gemeinsam mit Erzengel Michael in einer Kiefer in meinem Garten, wo Feen, Kobolde und Elfen wohnen. Ich finde es schön, dass sich die Engel so liebevoll um ihre kleinen Brüder und Schwestern kümmern.

Es gibt zwei parallel verlaufende Entwicklungsstränge – den der Engel und den der Menschen und Tiere. Die Elementarwesen, die »Kinder« der himmlischen Reiche, entwickeln sich unter der Obhut des göttlichen Quells und der Herren des Karma zu Engeln. Die Menschen und Tiere werden von Geistführern, die eine höhere Schwingung haben als wir, angeleitet. Sie unterstehen den aufgestiegenen Meistern, sind aber letzten Ende ebenfalls dem göttlichen Quell verantwortlich.

Wenn wir die Naturwelt respektieren,
unterstützen wir die Engel und werden
– gemäß dem geistigen Gesetz –
auch selbst unterstützt.

26

Erzengel und universelle Engel

Es gibt Millionen Erzengel, die überall im Universum ihren verschiedenen Aufgaben nachgehen. Sie sind für die großen Lichtprojekte verantwortlich und haben die Oberaufsicht über die Heerscharen der Engel, die unter ihnen arbeiten. Nur wenige Erzengel befinden sich im Kontakt mit den Menschen der Erde, auch wenn es in letzter Zeit mehr werden.

Die bekanntesten Erzengel sind Michael, Gabriel, Uriel, Raphael und Metatron. Auch Azrael, der Todesengel, ist weithin bekannt, allerdings oft nicht mit Namen.

Andere Erzengel arbeiten unerkannt im Hintergrund – zum Beispiel die Erzengel Chamuel, Jophiel, Sandalphon, Christiel und Mariel. Jeder von ihnen trägt einzigartige göttliche Energien in sich und hat eine spezielle Aufgabe. Sie helfen den Menschen bei der spirituellen Entwicklung der Chakras und bereiten uns so auf den Aufstieg vor.

In der letzten Zeit sind der Erde neue Erzengel zugeteilt worden und andere bereiten sich darauf vor, mit den Menschen zu arbeiten. Einer von ihnen ist Erzengel Purlimiek, der für das Naturreich zuständig ist. Erzengel Fhelyai kümmert sich um das Tierreich. Erzengel Butyalil, einer der universellen Engel, ist für die Sterne und die kosmischen Strömungen zuständig, während Erzengelin Gersisa für das Erdinnere zuständig ist und mit den Leylinien arbeitet.

Jeder Erzengel hat eine Zwillingsflamme. Da unser Planet maskulin orientiert ist, haben wir bisher nur die Flamme geehrt, welche die männliche Energie in sich trägt. Jetzt kehrt aber endlich das göttliche Weibliche auf die Erde zurück, sodass die weiblichen Aspekte mehr in den Vordergrund treten, um uns mit ihrer Weisheit und ihrer Sanftmut zu berühren.

Jeder Erzengel hat ein Refugium im Äther der Erde. Wir können vor dem Schlafengehen darum bitten, im Schlaf zu einem dieser Refugien gebracht zu werden, um dort geläutert und gestärkt zu werden. Dort werden wir auch die Hilfe bekommen, die wir benötigen.

Die Erzengel Metatron und Sandalphon

Metatron ist der Mächtigste der Mächtigen. Er wird auch Diener Gottes oder der himmlische Schreiber genannt, weil er den Erzengeln die Tagesbefehle des göttlichen Quells übermittelt. Er ist stark mit Ägypten, Atlantis und Lemuria verbunden, denn schon dort half er dem Planeten und den Menschen, ihr höchstes Potenzial zu verwirklichen. Er überbrachte den Menschen die heilige Geometrie direkt vom göttlichen Quell und beaufsichtigte dank seines Wissens die Errichtung der Pyramiden, damit deren Botschaft in die Universen hinausdringen konnte.

Da ein wichtiger Teil seiner spirituellen Arbeit darin besteht, der Erde zu helfen, Verbindung zu anderen Planeten aufzunehmen, hält er die Energiebahnen zwischen den Planeten offen. Metatron war einer der Engel, die das Volk Israel nach ihrem Auszug aus Ägypten aus der Wüste herausführte. Er überstrahlte auch Henoch den Schreiber, der ein gottesfürchtiger Mann und ein weiser Führer seines Volkes war.

Metatron arbeitet mit all jenen, die sich dem Aufstieg verpflichtet fühlen. Daher ist er für die Entwicklung des Sternentor-Chakras zuständig, des zwölften Chakras, welches das höchste spirituelle Energiezentrum ist, das ein Mensch entwickeln kann, und sich über dem Kronen-Chakra befindet. Wenn man sich eine goldene Leiter vorstellt, die hinauf zum göttlichen Quell führt, dann besteht seine Aufgabe darin, den Menschen zu helfen, die letzte Stufe zu erklimmen.

Metatron strahlt Eigenschaften wie Verbindlichkeit, Weisheit und Disziplin aus. Wenn Sie sich Ihrem spirituellen Weg verpflichtet fühlen und sich diszipliniert auf die Reise begeben, wird er in Ihr Leben treten und seine Energie der Ihren hinzufügen. Ob Sie ihn nun sehen können oder nicht, spielt dabei keine Rolle.

Wenn viele Menschen ihre Energien vereinigen, um eine Massenheilung zu bewirken, dann wird dies von Metatron arrangiert. Er synchronisiert die Energie, damit sie im exakt richtigen Moment übertragen werden kann. Er ist es, der sozusagen das Licht anschaltet, wenn alles an seinem rechten Platz ist. Ein Beispiel dafür ist der *Angel*

Awareness Day, der jedes Jahr von der *Diana Cooper School* organisiert wird und an dem Gruppen überall auf der Welt Licht aussenden. Dies ist eine großartige Gelegenheit, um einen Wandel auf dem Planeten zu bewirken, und Erzengel Metatron tut seinen Teil, um diese Energie zu optimieren.

Er arbeitet unermüdlich für den Aufstieg des ganzen Planeten.

Niemand kann die Aufstiegsleiter erklimmen, wenn das Erdstern-Chakra, das sich unter den Füßen befindet, nicht voll funktionsfähig ist. Für dieses Chakra ist Erzengel Metatrons Zwillingsflamme, der Erzengel Sandalphon zuständig. Dies ist ein eindrückliches Beispiel dafür, dass männliche und weibliche Energien im Interesse einer ausgewogenen Entwicklung gleichermaßen wichtig sind.

Erzengel Metatron, der männliche Energie in sich trägt, ist der einzige Erzengel, dem es gestattet ist, direkt in das Licht Gottes zu schauen. Aus diesem Grund wird er gelegentlich auch als Fürst des Antlitzes bezeichnet.

Erzengel Sandalphon trägt die weibliche Energie in sich und hilft den Menschen, sich innig mit Mutter Erde zu verbinden. Er ist als der »Sandalenträger im Angesicht Gottes« bekannt. Er sammelt die Gebete der Menschen und trägt sie zum göttlichen Quell empor. Außerdem ist er der Engel der Musik. Er wird auch als der große Engel bezeichnet, weil er Himmel und Erde miteinander verbindet. Merkwürdigerweise wird er mit der männlichen Form »Er« bezeichnet, obwohl er die weibliche Energie in sich trägt.

Erzengel Metatron hat eine Farbschwingung, die von einem satten Goldton über Orange bis Rot reicht, sodass er der Sonne gleicht. Erzengel Sandalphons Farben sind Schwarz und Weiß, wie im Yin-Yang-Symbol dargestellt. Schwarz hat eine extrem weibliche Schwingung. Denken Sie nur an eine geheimnisvolle Höhle oder einen Schoß, in dem in Verbindung mit dem Göttlichen neue Ideen und neues Leben heranwachsen. Weiß steht für das Licht, das spirituelles Wissen und Weisheit enthält, Samen zum Leben erweckt und ihr Wachstum unterstützt.

Das Refugium von Erzengel Metatron befindet sich im ägyptischen Luxor, das von Erzengel Sandalphon in der magischen Kristallhöhle in Guatemala. Beide sind wichtige Aufstiegs-Refugien. Sie dürfen darum bitten, diese Refugien während Ihrer Meditation oder im Schlaf aufzusuchen, um dort unterwiesen zu werden und Energie übertragen zu bekommen, die Ihren Aufstieg beschleunigen wird.

Als Kathy Crosswell und ich die beiden Bücher *Enlightenment Through Orbs*[8] und *Ascencion Through Orbs*[9] schrieben, wurden uns mehrere wunderbare Fotos zugesandt, auf denen der Orb von Erzengel Metatron zu sehen war. Auf jedem Foto war außerdem ein schneeweißer Engel der Liebe bei ihm. Ich fing an, ihn zu bitten, auch auf meinen Orb-Fotos zu erscheinen und fotografierte tatsächlich zwei seiner Engel, aber beide waren ziemlich

8 *Orbs. Boten der Liebe, Heilung und Weisheit.* Ansata Verlag, München 2009
9 *Orbs. Wegbereiter für den Aufstieg ins Licht.* Ansata Verlag, München 2010

klein. Dann erschien er eines Abends in meinem Garten als herrlicher Orb gemeinsam mit Erzengel Jophiel, dem Engel der Weisheit, und einem Liebesengel. Seither bin ich mir seiner Gegenwart sehr bewusst.

Die Erzengel Michael und Credo (Glaube)

Erzengel Michael ist vermutlich der bekannteste und beliebteste aller Erzengel, denn er ist der Krieger und Beschützer, der uns Menschen beisteht. Er hüllt die Menschen in seinen dunkelblauen Schutzmantel, um für ihre Sicherheit zu sorgen, wenn ihr Geist nachts reist. Er beschützt uns auch während des Tages sowohl auf psychischer wie auf physischer Ebene.

Michael ist einer der drei Engel, die in der Bibel erwähnt werden. Seine Name bedeutet »der wie Gott ist«. Sein Refugium befindet sich über Banff in der kanadischen Provinz Alberta.

Jody bat Erzengel Michael sie und ihre Kinder zu beschützen, bevor sie die Kinder in den Wagen lud, um sie in die Schule zu bringen. Plötzlich hatte sie das merkwürdige Gefühl, sie solle einen anderen Weg fahren als gewöhnlich. »Ich habe keine Ahnung, warum«, sagte sie. »Ich hatte einfach das Gefühl, ich solle die landschaftlich schönere Strecke fahren, obwohl sie länger ist. Die Kinder murrten zwar, aber ich tat es dennoch mit einem Gefühl der Dankbarkeit.« Auf der üblichen Strecke hatte es mehrere Auffahrunfälle gegeben, in die sie mit Sicherheit verwickelt worden wäre. Dieser Vorfall bestärkte ihren Glauben an Erzengel Michael.

Während ich diese letzten Worte schrieb, kam mir in den Sinn, dass Erzengel Michael wohl meine Finger gelenkt haben muss, denn seine Zwillingsflamme Credo heißt auch Glaube. Und dieses Wort hatte ich gerade getippt. Credo trägt die weibliche Energie in sich; ihre Aufgabe ist es, den Glauben an sich selbst und das Vertrauen ins Leben zu stärken. Glaube ist eine der stärksten Energien auf diesem Planeten. Glaube ist eine Garantie für Erfolg und für große Belohnungen vom Allmächtigen.

Eine meiner Engellehrerinnen aus Südafrika liebt Erzengel Michael über alles. Sie erzählte mir mit ihrer tiefen Stimme ganz langsam diese Geschichte: Sie lebte in einem Township, dessen Bewohner neidisch auf sie waren, weil sie ein gut gehendes Heim für Behinderte leitete. Einer dieser neidischen Nachbarn bezahlte einen Mann dafür, in ihr Haus einzubrechen und es zu verwüsten. Davon hörte sie zum ersten Mal, als der potenzielle Einbrecher sie anrief und sagte: »Ich wurde bezahlt, um diesen Job zu erledigen. Ich war fünfmal bei Ihnen, um ihn zu erledigen. Aber jedes Mal stand ein riesiger blau gekleideter Soldat mit einem Schwert vor der Tür und versperrte mir den Weg.« Er hielt inne, und sie konnte förmlich sehen, wie er ungläubig seinen Kopf schüttelte. »Sagen Sie mir, wo kann ich eine solche *Muti* (Magie) auch für mich selbst bekommen?«

Erzengel Michael beaufsichtigt die Engel des Schutzes. Eines Abends ging ich zu Freunden, klingelte und wartete darauf, dass sie die Tür öffnen würden. Während ich wartend vor der Tür stand, knipste ich einfach mal so drauflos. Auf einem Foto waren zwei riesige Orbs von Beschützerengeln vor dem gegenüberliegenden Haus zu sehen.

Meine Freundin erzählte mir später, dass sich in dem Gebäude der Operationsraum ihres Arztes befand und dass es in der Gegend in letzter Zeit zahlreiche Einbrüche gegeben hatte. Es war offensichtlich, dass die Engel Wache standen, um die Sicherheit des Hauses zu garantieren.

Eva-Sofie schickte mir die folgende E-Mail, in der sie von einem Erlebnis mit Erzengel Michael berichtete.

Ich möchte Ihnen eine Geschichte erzählen, die mir eingefallen war, nachdem ich auf Ihrer Website etwas über Erzengel gelesen hatte. Sie ereignete sich vor ein paar Jahren in Südschweden. Ich hatte mir das Sommerhaus einer Freundin geliehen, weil ich einfach mal wegmusste, um in Ruhe lernen zu können, da ich eine Prüfung vor mir hatte. Während der ersten Nacht fürchtete ich mich so allein in dem fremden Haus, obwohl ich normalerweise keine Angst vor Dunkelheit habe. Jetzt aber fürchtete ich mich so sehr, dass ich kein Auge zutun konnte.

Am nächsten Tag war alles einigermaßen in Ordnung, aber in der Nacht wurde es noch schlimmer. Ich lag völlig verängstigt und angespannt im Bett und traute mich kaum zu bewegen. Da bat ich um Hilfe und Schutz. Nach einiger Zeit erschien ein riesiger Engel mit blauen Flügeln. Er kam zu mir, umfing mich mit seinen weichen Flügeln, und ich schlief augenblicklich ein. Am nächsten Morgen packte ich meine Sachen und fuhr nach Hause. Natürlich bedankte ich mich bei dem Engel dafür, dass er mich beschützt hatte.

Später erfuhr ich, dass ein sehr verbitterter kranker Mann in dem Haus gelebt hatte und dort gestorben

war. Es war offensichtlich, dass er mich nicht dort haben
wollte. Aber die Begegnung mit Erzengel Michael war
eine wunderbare Erfahrung!

Bitten Sie um Hilfe, und Erzengel Michael
wird kommen und Sie beschützen.

Die Erzengel Gabriel und Elpis (Hoffnung)

Erzengel Gabriel, dessen Name so viel wie »Held Gottes«
oder »Gott ist meine Stärke« bedeutet, ist einer der drei
Erzengel, die in der Bibel erwähnt werden. Er erstrahlt in
einem schneeweißen Licht.

Der Islam sieht Erzengel Gabriel als Anführer der Engel.
Er war es auch, der Mohammed den Koran diktierte.
Die Sufis, also die islamischen Mystiker, haben eine starke
Verbindung zu Engeln.

Das ätherische Refugium von Erzengel Gabriel befindet sich über Mount Shasta im Norden Kaliforniens in
den Rocky Mountains an einem der schönsten Orte der
Welt. Ich bin mehrmals dort gewesen und habe jedes Mal
nicht nur die Energie von Erzengel Gabriel gespürt, sondern auch die der aufgestiegenen Meister – besonders die
von Saint Germain.

Einmal fuhr ich mit zwei Freunden im Auto gerade um
eine Kurve, als wir Mount Shasta direkt vor uns sahen,
der schneebedeckt war und weiß leuchtete. In diesem
Licht sahen wir das Gesicht von Jesus Christus. Wir sahen
es alle drei. Ohne zu zögern hielt der Fahrer das Auto an,

und wir sprangen heraus, um das Bild ehrfurchtsvoll an-
zustarren. Wir sahen es etwa fünf Minuten lang, dann
schob sich eine wie ein Vogel geformte Wolke davor, und
es verschwand.

Ich bitte häufig vor dem Schlafengehen darum, während des Schlafes zu Erzengel Gabriels Refugium reisen
zu dürfen, da dies für den Aufstieg unerlässlich ist. Wenn
Sie sich über den nächsten Schritt klar werden oder Klarheit über eine bestimmte Entscheidung erlangen wollen,
sollten auch Sie darum bitten, im Traum dorthin gebracht zu werden.

Immer wenn ein Mensch oder ein Ort der Läuterung
bedürfen, kommen die Engel des Erzengels Gabriel und
lassen ihr weißes Licht erstrahlen, um dort die Schwingung zu erhöhen.

Sind wir unfähig, eine Entscheidung zu treffen, erlangen wir auf diese Weise Klarheit. So wusste Claire zum
Beispiel nicht, was Sie als Nächstes in ihrem Leben tun
sollte. Sie hatte so viele Möglichkeiten zur Auswahl, dass
sie völlig verwirrt war. Also nahm sie sich vor, sich jeden
Tag eine halbe Stunde still hinzusetzen und Erzengel
Gabriel anzurufen, damit dieser ihr Klarheit verschaffen würde. Am dritten Tag hatte sie zwar das Gefühl, sie
würde nur ihre Zeit verschwenden, weil die Zukunft un-
durchsichtiger als je zuvor wirkte, aber sie machte trotzdem weiter. Am fünften Tag schienen sich einige der
Fäden ihrer Zukunft entwirrt zu haben. Am siebten Tag
hatte sie vollkommene Klarheit erlangt, welche lebens-
wichtigen Entscheidungen sie treffen musste. Sie verließ ihren Freund, zog in eine andere Stadt und begann
eine Ausbildung zur Alternativmedizinerin. Sie sagte mir:

»Erzengel Gabriel hat mir die Klarheit verschafft, die ich brauchte. Ich habe meine Entscheidungen niemals bereut.«

Ich nehme Erzengelin Elpis, die weibliche Energie, immer als Regenbogen des Lichts wahr. Da ihre Energie voller Mitgefühl ist, sucht sie die Menschen auf, die deprimiert oder vom Weg abgekommen sind, um ihnen neue Hoffnung zu schenken. Sie wird auch Ihnen bei der Umsetzung Ihrer Ziele helfen und dafür sorgen, dass Ihre Visionen rein sind.

Die Erzengel Raphael und Maria

Raphael bedeutet »Gott hat geheilt«, er ist der dritte der Engel, die in der Bibel Erwähnung finden. Alle Erzengel können heilen, aber Erzengel Raphael wird als Engel der Heilung bezeichnet, weil er sich auf diese Aufgabe spezialisiert hat. Ihn müssen Sie anrufen, wenn Sie geheilt werden oder jemanden heilen wollen. Raphael arbeitet mit der smaragdgrünen Schwingungsfrequenz, der Farbe des Ausgleichs und des Gleichgewichts.

Erzengel Raphael ist für die Entwicklung des dritten Auges zuständig. Er gilt zudem als Schutzheiliger der Blinden, weil er die innere Sicht verstärkt. Außerdem ist er der Engel des Reichtums und des Überflusses. Wenn Sie lernen, Ihre Gedanken zu kontrollieren und sich auf das Positive zu konzentrieren, verleiht er Ihnen die Macht, die Art von Reichtum anzuziehen, die Sie sich wünschen.

Ich werde jetzt die biblische Geschichte wiedergeben, in der erzählt wird, wie Erzengel Raphael in menschlicher

Gestalt auf die Erde kam, um guten Menschen als Antwort auf ihre Gebete beizustehen.

Tobit war ein guter Mensch, der den Armen und Benachteiligten half. Eines Nachts erblindete er und konnte nicht mehr arbeiten, woraufhin seine Familie in Armut geriet. Da bat er Gott um Hilfe.

Zur selben Zeit in einer anderen Stadt litt eine gute Frau namens Sara unter einer unglaublichen Pechsträhne. Sie war siebenmal verheiratet gewesen, und jedes Mal hatte man ihren Mann am nächsten Morgen tot aufgefunden. Niemand wusste, warum, denn der Teufel hatte sie getötet. Also musste die arme Sara weiterhin bei ihren Eltern leben, da sie niemand mehr zur Frau nehmen wollte. Auch sie erbat Gottes Hilfe.

Die Gebete Tobits und Saras drangen an das Ohr Gottes, der Erzengel Raphael als Mensch verkleidet auf die Erde sandte, um den beiden zu helfen. Gott erinnerte Tobit daran, dass ihm sein Cousin – Saras Vater – noch Geld schuldete. Mit diesem Geld würde er sich aus seiner misslichen Lage befreien können. Gott trug Tobit auch auf, seinen Sohn Tobias in die weit entfernte Stadt zu schicken, um das Geld zu holen.

Erzengel Raphael übernahm die Rolle eines Kameltreibers und ließ sich von Tobias anheuern, um ihn durch die Wüste zu bringen und das Geld abzuholen. Auf dem Hinweg wollte sich Tobias in einem breiten Fluss waschen. Ein glitzernder Fisch sprang aus dem Wasser und Raphael trug Tobias auf, dessen Leber, Herz und Gallenblase in kleine Töpfe zu tun und diese zu versiegeln.

Als sie schließlich bei Saras Familie ankamen, über-
reichte ihr Vater Tobias nicht nur das Geld, sondern
fragte ihn auch, ob er nicht seine Tochter heiraten wolle.
Da Tobias nicht als achter toter Ehemann enden wollte,
fragte er seinen Diener um Rat. Raphael riet ihm, das
Mädchen zu heiraten, aber einen bestimmten Schutz vor
bösen Mächten zu verwenden. Tobias sollte das Herz und
die Leber des Fisches verbrennen.

Also fand die Hochzeit statt. Während der Hoch-
zeitsnacht hielt Tobias das Feuer in Gang und verbrannte
das Herz und die Leber des Fisches, wie Raphael es ihm
aufgetragen hatte. Als der Teufel eintrat, stieß ihn der
Gestank der brennenden Innereien so sehr ab, dass er To-
bias keinen Schaden zufügen konnte. Dann kam Raphael
hinzu, jagte den Teufel davon und überwand ihn.

Das junge Paar reiste quer durch die Wüste zurück
zur Familie des Tobias. Kurz bevor er seinen Vater wieder-
sah, trug Raphael Tobias auf, die Fischgalle zu benützen,
um die Blindheit des alten Mannes zu heilen. Als das
Sehvermögens des Vaters zurückgekehrt war, erkannte er
in dem Kameltreiber den Engel Raphael, der daraufhin
verschwand.

Peter, der Freund eines Freundes, war an Krebs gestorben.
Er war ein sehr aufrichtiger und großzügiger Mensch
gewesen und von vielen geliebt worden. Er hatte zwar
immer gesagt, dass er so schnell wie möglich zurückkehren und eine Botschaft überbringen würde, aber ich
war dennoch überrascht, dass er so schnell zu seinen
Freunden durchdringen konnte. Er sagte, dass er sehr

glücklich war und sich im Licht vollkommen zu Hause fühlte. Er fügte hinzu, dass er in Erzengel Raphaels Licht gehalten wurde, während der Krebs aus seiner Essenz entfernt wurde.

Erzengel Raphaels Refugium befindet sich im portugiesischen Fatima, das von Maria im französischen Lourdes. Beide Orte sind für ihre Heilungen bekannt.

Rufen Sie Erzengel Raphael immer an,
wenn irgendetwas geheilt werden muss.

Maria ist eine universelle Engelin, die eine weitaus höhere Schwingungsfrequenz hat als ihre Zwillingsflamme Raphael. Sie überstrahlte die Mutter Jesu, die ihren Namen annahm.

Die Engel der Maria sind voller Mitgefühl und besitzen große Heilkräfte. Wenn Sie einem Verstorbenen helfen möchten, sollten sie Maria anrufen. Ihre Engel werden ihn finden und dafür sorgen, dass er ins Licht gehen kann.

Braucht ein Baby oder ein kleines Kind Hilfe, besitzt Mutter Maria die perfekte weibliche Schwingung, um es zu heilen und zu unterstützen. Sie antwortet auf die von Herzen kommenden Hilferufe aller Mütter.

Irene hatte ein Baby, das sehr krank war und im Krankenhaus lag. Außer sich vor Verzweiflung rief sie mich an, und ich versprach eine Kerze für das Baby anzuzünden und Mutter Maria zu bitten, ihm zu helfen. Während ich dies tat, rief Irene alle ihre Freundinnen an und bat sie inständig, ebenfalls Mutter Maria anzurufen, damit ihr Baby wieder gesund würde. Dann fuhr sie schnell ins Krankenhaus zurück. Als sie die Intensivstation betrat, sah sie im Kinderbett einen blauen Lichtblitz. Dann kam eine lächelnde Schwester auf sie zu und überbrachte ihr die gute Nachricht, dass sich der Zustand des Babys plötzlich gebessert hatte und dass es ihm besser ging.

Wenn ein Baby oder ein Kind der Hilfe oder Heilung bedarf, hüllen Sie es in das blaue Licht Mutter Marias, und bitten Sie sie um Hilfe.

Die Erzengel Uriel und Aurora

Uriel bedeutet »Feuer Gottes«. Es war Uriel, welcher der Menschheit die Kabbala brachte, die mystische Überlieferung des Judentums. Es heißt auch, dass er es war, der Noah vor der kommenden Sintflut warnte. Sein Refugium befindet sich südlich von Krakau in den Tatra-Bergen Polens.

Erzengel Uriel ist für die Entwicklung des Solarplexus-Chakras zuständig. In diesem Chakra werden Ängste gespeichert und jede Unfähigkeit, mit den Erfahrungen des Lebens umzugehen, wirkt sich auf dieses Chakra aus. Es gleicht einer riesigen parapsychischen Pumpe, die ständig überprüft, ob Sie selbst oder Ihnen nahestehende Menschen auch sicher sind. Von dort gehen Fühler aus, die ständig prüfen, ob mit Ihren Kindern, Ihren Freunden oder Ihrem Partner alles in Ordnung ist. Wenn irgendetwas nicht stimmt, spüren Sie es in diesem Chakra. Erzengel Uriel hilft Ihnen, Ihr Bauchgefühl zu entwickeln und ihm zu vertrauen.

Uriel strahlt in einem wunderbaren Goldgelb. Er sammelt Negativität, um diese im Licht umzuwandeln – was auch der Solarplexus tut, allerdings in weitaus geringerem Ausmaß. Erzengel Uriel verwandelt die Finsternis in reines göttliches Licht.

Das göttliche Gegenstück zu Erzengel Uriel ist die Erzengelin Aurora. Aurora bedeutet Morgenröte, und auch sie hilft Ihnen, Selbstvertrauen und Selbstsicherheit zu entwickeln – besonders zu Beginn eines neuen Vorhabens. Sie sollten sie an Ihrem Geburtstag anrufen, weil dies der erste Tag eines neuen Lebensjahres ist. Erzählen Sie ihr von Ihren Hoffnungen für das kommende Jahr. Sie werden erstaunt sein, wie sehr sie Ihnen helfen wird, Ihre größten Visionen zu verwirklichen.

Erzengelin Aurora wird Ihnen helfen, etwas Neues
auf die Beine zu stellen.
Erzengel Uriel wird Ihnen die nötige Selbstsicherheit
geben, um das Neue umzusetzen.

Die Erzengel Jophiel und Christine

Jophiel bedeutet »die Schönheit Gottes«. Dieser Erzengel ist der Engel der Weisheit, der für das Kronen-Chakra zuständig ist. Dieses Chakra wird auch als tausendblättriger Lotus bezeichnet, weil der Kopf einer Blüte ähnelt, die dem Licht entgegenstrebt, während die Wirbelsäule den Stiel darstellt, der die Energie in die Erde leitet. Jedes der Blütenblätter repräsentiert eine der Eigenschaften oder Aspekte Gottes.

Als ich Ammas Aschram in Kerala besuchte, war einer der Höhepunkte des Tages für mich immer die Anrufung der tausend Namen Gottes. Jeder Name repräsentiert eine der göttlichen Schwingungen.

Das Kronen-Chakra hoch oben auf dem Kopf verbindet die Persönlichkeit mit dem Höheren Selbst und ist darauf abgestimmt, die Seelenenergie zu empfangen, sie zu filtern und in die unteren Chakras weiterzuleiten. Erzengel Jophiel benutzt die Schwingung der Farbe Gelb, um dies zu fördern.

Wenn wir göttliche Weisheit entwickeln und uns mehr mit unserer Seelenenergie verbinden wollen, sollten wir darum bitten, während der Meditation oder des Schlafes Erzengel Jophiels Refugium südlich der Großen Mauer bei Lanzhou im Norden Zentralchinas aufsuchen zu dürfen.

Uns wurde ein Foto zugeschickt, auf dem ein Orb der Erzengel Jophiel unterstellten Engel zu sehen ist, die ihr Licht auf eine Straße in einem Wohnquartier scheinen ließen, auf der es mehrere Bodenschwellen gab. Er sandte seine Energie aus, um den Fahrern genug Weisheit zu geben, langsamer zu fahren, da viele Kinder auf der Straße spielten. Engel sind nämlich durchaus praktisch in der Art von Hilfe, die sie gewähren.

Erzengelin Christine, seine Zwillingsflamme, trägt die weibliche Energie in sich und gewährt die Liebe, den Frieden und den Schutz des Christus-Lichtes. Sie wird auch

Sie in ihr wundervolles Licht hüllen, das Sie erheben und dazu inspirieren wird, sich größere Ziele vorzustellen.

Die Erzengel Chamuel und Caritas (Barmherzigkeit)

Erzengel Chamuels Name bedeutet »der, der Gott blickt«. Er ist der Erzengel der Liebe und verantwortlich für das Herz-Chakra. Seine Schwingung ist von einem ganz zarten Rosa – der Farbe der reinen Liebe und Freude. Schon bevor ich Orbs auf Fotos sehen konnte, kannte ich intuitiv die Farben der Erzengel und meinte ein gewisses Gespür für sie zu haben, aber seit ich sie auf Fotos sehen kann, hat sich mein intuitives Wissen bestätigt. Dadurch wurde ihre Energie direkt in mir verankert. Das zarte rosafarbene Licht von Erzengel Chamuel und seinen Engeln wärmt einem das Herz, weil es so weich und sanft ist und so viel Mitgefühl ausstrahlt. Sein Refugium befindet sich über St. Louis im amerikanischen Bundesstaat Missouri.

Das erste Orb-Foto von Erzengel Chamuel wurde uns von Kari Palmgren aus Norwegen geschickt. Ich fiel fast vom Hocker, denn der Orb hatte die Form eines wunderschönen rosafarbenen Herzens mit einem schneeweißen Liebesengel in der Mitte. Uns wurde mitgeteilt, dass man Liebe und Freude empfängt, wenn man es anschaut, und das Bedürfnis verspürt, diese Liebe und Freude mit anderen zu teilen. In *Ascencion Through Orbs*[10] ist dieses Foto abgebildet.

10 *Orbs. Wegbereiter für den Aufstieg ins Licht.* Ansata Verlag, München 2010

167

Paulette hatte sich seit Langem gewünscht, einmal einen Engel zu sehen, aber ihr Wunsch war bisher nicht in Erfüllung gegangen. Eines Tages rief sie Erzengel Chamuel an, weil der Hund ihrer Nachbarin so herzerweichend heulte, weil seine Herrin ausgegangen war. Sie saß einfach still da und rief den Erzengel der Liebe immer wieder an. Plötzlich sah sie ein herrliches rosafarbenes Licht direkt neben dem Hund. Da wusste sie, dass Erzengel Chamuel auf ihren Hilferuf reagiert hatte. Auch der Hund schien zu merken, dass sich jemand um ihn kümmerte, denn er hörte auf zu heulen.

Das weibliche Gegenstück zu Erzengel Chamuel ist Erzengelin Caritas, die gütig, großzügig und wohltätig ist. Sie trägt die tiefste Weisheit des Herzens in sich, die sie von Herzen gern mit anderen teilt.

Die Erzengel Christiel und Mallory

Erzengel Christiel ist für die Entwicklung des Kausal-Chakras zuständig, also des Zentrums direkt über der Krone, das der Sitz des höheren Geistes ist. Er hilft uns, diesen Teil des Geistes zur Ruhe zu bringen, damit wir Informationen aus den geistigen Welten empfangen und inneren Frieden finden können. Das Kausal-Chakra ist das erste der transpersonalen Chakras, durch das wir das Licht unserer Seele in unseren Mentalkörper leiten. Erzengel Christiel ist schneeweiß mit einem perlmuttfarbenen Glanz.

Seine Zwillingsflamme Erzengelin Mallory bringt das göttlich Weibliche auf die Erde und unterstützt uns dabei, unsere rechte Gehirnhälfte zu aktivieren, den kreativen, künstlerischen und spirituellen Aspekt unseres Geistes. Sie ist weiß und magentafarben, trägt also das Weiß von Erzengel Christiel in sich und das Magenta des weiblich Göttlichen.

Die Erzengel Zadkiel und Amethyst

Erzengel Zadkiel trägt das violette Licht der Umwandlung in sich. Überall dort, wo Energie gereinigt und geläutert werden muss, kommen uns seine Engel zu Hilfe. Sein Name bedeutet »die Rechtschaffenheit Gottes«.

Sein Licht hat den Weg für die Möglichkeiten geebnet, die das Jahr 2012 mit sich bringen wird. Das Jahr 2012 wird nicht nur im Maya-Kalender erwähnt, sondern wird in den Legenden aller alten Kulturen als das Ende der alten Zeit bezeichnet, als eine Zeit, in welcher der Schleier der Illusion gelüftet werden wird und an dem wir aus unserem Kokon der Unwissenheit auf eine höhere Bewusstseinsstufe gehoben werden. 2012 markiert das Ende einer 26 000 Jahre währenden astrologischen Periode, die auch als Ausatmung Brahmas bezeichnet wird. Während der folgenden zwanzig Jahre bieten sich viele Chancen der spirituellen Entwicklung, sodass mehr Menschen aufsteigen können als je zuvor in der Geschichte.

Die alten Weisen sagten voraus, dass es eine fünfundzwanzigjährige Läuterungsphase geben würde, um die Welt auf 2012 vorzubereiten. 1987 standen anlässlich der Harmonischen Konvergenz zahlreiche Menschen ganz früh auf und begaben sich an heilige Orte, um dort Hilfe für den Planeten zu erbitten. Saint Germain, der mittlerweile zum Herrn der Zivilisation befördert wurde, war damals Meister des siebten violetten Strahls. Er war es, der diese Gebete zum göttlichen Quell brachte. Erzengel Zadkiel und Saint Germain arbeiten nun mit der violetten Flamme der Umwandlung, die sich mit der silbernen Flamme der Harmonie und dem goldenen Strahl der Gnade vereinigt hat. Diese mächtige gold- und silber-violette Flamme ist nun die Flamme der Gnade, Harmonie und Umwandlung.

Wenn wir diese Flamme anrufen, kann sie alle niederen Schwingungen in uns auf jeder Ebene auflösen und umwandeln – von vergangenen Leben bis zu emotionalen, mentalen oder physischen Blockaden.

Eine der wirkungsvollsten Affirmationen lautet: »ICH BIN DIE GOLD- UND SILBER-VIOLETTE FLAMME.« ICH BIN bezieht sich auf unsere Monade oder den ursprünglichen göttlichen Funken, der über unsere Seele wacht. Wenn wir ICH BIN affirmieren, bringen wir uns in Einklang mit dem, was wir affirmieren. In diesem Fall affirmieren wir also, dass unsere göttliche Essenz eins mit der göttlichen Reinheit, Harmonie und Gnade ist. Gnade tritt nun wirklich in unser Leben und hilft uns auf vielen Ebenen.

Da uns die gold- und silber-violette Flamme öffnet, müssen wir um unsere Aura zunächst einen geistigen Schutzschild errichten – zum Beispiel den blauen Schutzmantel Erzengel Michaels –, bevor wir diese Affirmation benutzen.

Die moderne Digitalfotografie kann uns heute viele Erkenntnisse liefern. Ich möchte hier zwei Geschichten wiedergeben, die mir über die violette Flamme erzählt wurden.

Susan ist eine der Engellehrerinnen der *Diana Cooper Schule*, und außerdem fährt sie von Berufs wegen Schwertransporte. Eines Tages musste sie eine ziemlich gefährliche Strecke fahren, und ihr Mann bat sie, doch eine alternative Route zu wählen. Sie antwortete ihm, dass die Strecke vollkommen sicher sein würde, weil sie den Lastwagen in die silberne violette Flamme gehüllt hatte. Später am Tag machte jemand ein Foto von ihrem Lastwagen, auf dem man deutlich eine silbern violette Wolke sehen konnte, die ihn ganz einhüllte.

Die zweite Geschichte wurde mir von Eileen Jarvis Langley zugesandt. Sie fügte das Foto eines wunderbaren silber-violetten Strahls bei, der auf ihren Garten fiel.

Sie schrieb Folgendes: »Nachdem ich einige Zeit damit zugebracht hatte, durch meinen Garten zu gehen und die silber-violette Flamme anzurufen, setzte ich mich hin. Durch meine Brille sah ich viele kleine Orbs, die ich zunächst für Spiegelungen der Brillengläser hielt. Mir kam plötzlich der Einfall, ins Haus zu gehen und meinen Fotoapparat zu holen. Dann machte ich das beiliegende Foto. Ich brauche wohl nicht zu erwähnen, wie verblüfft ich war, aber ich bin mir ganz sicher, dass ich die silber-violette Flamme fotografiert habe. Dies gab mir so viel Vertrauen und Zuversicht, dass ich mithilfe Ihres Fernkursus auch weiterhin die Engel studierte. Ich danke Saint Germain und Erzengel Zadkiel dafür, dass sie mich so gesegnet haben.«

(Sie können dieses Foto auf *www.dianacooper.com* sehen. Es ist ziemlich erstaunlich.)

Erzengel Zadkiels Refugium befindet sich über Kuba. Seine Zwillingsflamme oder sein weibliches Gegenstück ist eine Erzengelin, die als die Dame Amethyst bekannt ist. Ein Amethyst ist die kristallisierte Form ihres Strahls. Er enthält das Licht der Engel, das Sie für Umwandlung und Heilung einsetzen können.

Die Erzengel Mariel und Lavendel

Erzengel Mariel bringt uns die Weisheit des göttlich Weiblichen. Er ist für die Entwicklung der höheren Aspekte unseres elften Chakras, des Seelenstern-Chakras, verantwortlich. Dort sitzen die Verbindungen zu unseren Ahnen und den Familienmustern. Erzengel Mariel hilft uns, dieses Zentrum von unerwünschten Inhalten zu reinigen und es zu klären. Er strahlt in einem ganz wunderbaren Magenta.

Seine Zwillingsflamme Lavendel ist – wie der Name schon sagt – lavendelfarben. Sie bringt Zartheit, Heilung, Reinheit und Läuterung.

Wie alle Erzengel nehmen auch Mariel und Lavendel Energie von der Sonne auf, um Menschen und Engel damit zu überschütten.

Erzengel Voku Monak

Der iranische Erzengel Voku Monak offenbarte Zarathustra vor 2500 Jahren Gottes Botschaft. Zarathustra zufolge hüten sechs Erzengel die Gegenwart des Ahura Mazda, der auch als Herr der Weisheit oder Herr des Lichts bekannt ist. Diese Erzengel sind Verkörperungen des guten Windes, der vorzüglichen Weisheit, des ersehnten Königreiches, der Hingabe, der Gesundheit und des Nicht-Todes. Es heißt, Ahura Mazda würde in einer Lichtscheibe fliegen; auf diese Weise wird er auf alten Bildnissen dargestellt.

Erzengel Moroni

Erzengel Moroni sorgte für die Entdeckung der goldenen Tafeln des göttlichen Wortes, die dann zum Buch Mormon wurden, auf dem sich die Religion der Mormonen gründet.

Erzengel Purlimiek

Erzengel Purlimiek ist der Erzengel, der für das Reich der Natur und der Elementarwesen zuständig ist. Ich habe das Reich der Elementarwesen im Kapitel 25 über das Naturreich bereits kurz erwähnt. Erzengel Purlimiek sorgt dafür, dass alle Elementarwesen im Einklang mit dem geistigen Gesetz zum höchsten Wohl des Planeten zusammenarbeiten.

So sind beispielsweise Elfen die Elementarwesen der Erde, die mit den Bäumen arbeiten. Erzengel Purlimiek bestimmt Engel, die Elfengruppen beaufsichtigen sollen, um so sicherzustellen, dass die Fotosynthese reibungslos verläuft. Die Elfen versuchen den Geist eines Baumes zu stärken, wenn er von Schädlingen befallen wird. Die Engel, in deren Obhut sich die Elfen befinden, bemühen sich wiederum, die Elfen zu inspirieren und sie bei ihrer Arbeit zu unterstützen.

Bäume sind Hüter der Weisheit und bilden ein weltumspannendes Kommunikationsnetzwerk. Die Elfen helfen ihnen, ihre Energie rein und klar zu halten. Da sich die Energie, die für eine Eiche benötigt wird, von der unterscheidet, die für eine Birke oder Stechpalme gebraucht wird, kümmern sich ganze Elfengruppen ausschließlich um bestimmte Baumarten. In Notfällen können sie sich immer an ihren Engel wenden, der wiederum Hilfe von Erzengel Purlimiek erbitten kann.

In vielen Ländern der Erde ist die Bodenerosion zu einem echten Problem geworden. Erzengel Purlimiek befehligt die Naturengel, die ganze Scharen von Kobolden an jene Orte senden, an denen die Bodenstruktur ihrer Hilfe bedarf. An einigen Orten hat Meerwasser die Erde überschwemmt. Die Erdelementarwesen können dies zwar nicht verhindern, aber sie können bei der Wiederherstellung der Bodenqualität mitwirken, wenn das Land wieder trockengelegt ist.

Kobolde sind ganz wunderbare Wesen. Wie alle Elementarwesen reagieren sie sehr positiv auf jede Form von Liebe. Wenn Sie also Ihren Garten zu schätzen wissen, werden sie mit Ihnen zusammenarbeiten und dafür sorgen, dass die Bodenqualität erhalten bleibt. Sie werden allerdings nicht lange bleiben, da sie immer dorthin eilen, wo gerade Hilfe benötigt wird. Sie arbeiten mit den Bienen zusammen, um die Blüten zu bestäuben, damit die Natur in ihrer ganzen Pracht und Fülle erblühen kann. Erzengel Purlimiek lenkt diese Aktivitäten.

In vielen Teilen der Welt ist die Schönheit der Natur durch die Handlungen der Menschen und durch ihre negativen Gedanken zerstört worden. Aber das Bewusstsein der Menschheit erhöht sich. Die Menschen beginnen wieder, die Erde zu ehren und zu respektieren, und der Verbrauch lokal angebauter oder sogar selbst angebauter Nahrungsmittel nimmt zu.

Die winzigen Wichtel, die nur etwa zweieinhalb Zentimeter groß sind, bestehen aus den Elementen Erde, Luft und Wasser. Sie arbeiten mit den Kobolden zusammen, da ihre Aufgabe darin besteht, den Boden zu durchlüften. Sie helfen auch den Samen beim Wachsen. Wenn jemand einen sogenannten grünen Daumen hat, hört er ganz gewiss auf die Wichtel.

Beton und Asphalt bedecken einen immer größer werdenden Teil die Erde, sodass Gaia nicht mehr atmen kann. Erzengel Purlimieks Engel flüstern Stadtplanern und bestimmten einflussreichen Individuen ins Ohr, dass sie die Erde wieder befreien müssen. Aber viele Menschen hören nicht mehr auf die zarten Stimmen der Engel, die versuchen mit ihnen zu kommunizieren. Dort, wo der Boden mit Ziegeln und Mörtel, Asphalt und Beton bedeckt ist, wird die Natur irgendwann ihre Macht entfesseln, und es wird zu einem Ausbruch kommen. Dieser mag sich als Überschwemmung, Feuer, Vulkanausbruch, Erdbeben oder auf andere Art und Weise äußern, aber all diese Naturphänomene sind Reaktionen auf unser Verhalten.

Ich freute mich sehr, als ich neulich eine kleine, aber offensichtlich willensstarke Blume sah, der es gelungen war, sich durch den Asphalt hindurchzubohren und ihre winzige Blüte der Sonne entgegenzurecken. Wieder einmal sah ich, wie stark die Kräfte der Natur doch sind.

Erzengel Purlimiek arbeitet auch mit den Drachen zusammen, also mit jenen wunderbaren Elementarwesen, die aus den Elementen Luft, Erde oder Feuer oder aus einer Kombination aller drei Elemente bestehen können. Drachen sind bereit, mit den Menschen ihre große Weisheit, ihren Mut, ihre Kraft und ihre Liebe zu teilen und sie zu beschützen und ihnen Gesellschaft zu leisten.

Wenn Sie einmal die Freundschaft eines Drachen gewonnen haben, wird diese Verbindung niemals abreißen, und er wird Ihr lebenslanger Freund und Beschützer werden. Drachen sind von Natur aus fröhlich und freunden sich gerne mit empfindsamen, hochfrequenten Kindern an, deren Geist sie beschützen, wenn dieser nachts auf den inneren Ebenen unterwegs ist.

Da sich die Erde in den letzten Jahren stetig auf den Aufstieg zu bewegt, hat Erzengel Purlimiek neue Elementarwesen eingeladen, bei der Läuterung des Planeten zu helfen. Diese Elementarwesen kommen aus anderen Universen. Sie freuen sich sehr über die Möglichkeit, der Dame Gaia zu dienen und dabei mehr über unsere Welt zu erfahren.

Esaks sind Elementarwesen der Luft, welche die Negativität über dem Boden aufsaugen. Nach einer Party, auf der Drogen und Alkohol missbraucht wurden, oder an

Orten, die von der Wut der Menschen verseucht sind, kommen sie und beseitigen die geistige Verschmutzung.

John und Mary, ein frisch verheiratetes Paar, schickten uns ein Foto von ihrem Haus, das kürzlich überschwemmt worden war. Alles sah ganz schrecklich aus. Aber auf dem Foto konnte man winzig kleine Esaks sehen, die ihr Bestes gaben, um den geistigen Müll wegzuräumen.

Kyhils sind Wasserelementarwesen, die dazu beitragen, die Negativität in den Gewässern der Welt aufzulösen, was heute eine dringend notwendige Arbeit ist.

Erzengel Purlimiek ist also wie gesagt für das gesamte Naturreich der Erde zuständig und arbeitet auch mit Erzengel Butyalil zusammen, also mit jenem kosmischen Engel, der für die Sterne und die Energiefelder um die Planeten zuständig ist. Er arbeitet auch mit Erzengelin Gersisa zusammen, der großen Engelin der inneren Erde, die sich um die Leylinien und die Bewegungen in der Erde kümmert. Außerdem kooperiert er mit Erzengel Fhelyai, der für das Tierreich zuständig ist. Selbstverständlich kommuniziert er auch mit den anderen Erzengeln.

Wenn Sie einen majestätischen Sonnenuntergang
sehen oder einen gigantischen Baumriesen,
das ewige Meer oder einen gewaltigen Berg,
denken Sie daran, sich bei
Erzengel Purlimiek zu bedanken.

Erzengel Fhelyai

Erzengel Fhelyai ist für das Wohlergehen der Tiere zuständig – vor und nach ihrem Tod. Sein Name wird *Fellje* ausgesprochen. Die Engel wollten, dass wir dies wissen, da die Schwingung eines Namens wichtig ist. Durch sie wird ein Mensch, ein Tier oder ein Engel gerufen.

Ist ein Tier krank, können wir Erzengel Fhelyai bitten, es zu heilen, zu unterstützen und ihm Mut zuzusprechen. Ist das Tier bereit zu sterben, werden seine verstorbenen Angehörigen kommen, um ihm zu helfen. Bei geliebten Haustieren oder gelegentlich auch bei Arbeitstieren kommen auch die Geister verstorbener Menschen, um ihnen beizustehen. Handelt es sich um ein wildes Tier, kommen die Geister des Rudels oder der Herde. Es fällt leicht, sich vorzustellen, wie ein Herdentier, wie beispielsweise ein Elefant, beim Prozess der Sterbens von seinen Vorfahren begleitet wird. Aber das gilt auch für alle anderen Tiere, denn jedes einzelne von ihnen hatte eine Mutter, Brüder oder Schwestern.

Wie wir Menschen so inkarnieren sich auch Tiere in einem materiellen Körper, um das Leben hier auf der Erde zu erfahren. Auch sie lernen etwas über Liebe. Erzengel Fhelyai arbeitet mit allen Erzengeln und Engeln zusammen, um dem Tierreich zu helfen.

Sue Stone, eine Freundin von mir und Autorin von *Love Life, Live Life*[11] ist eine ganz besondere Tierliebhaberin.

---

11 Sue Stone: *Love Life, Live Life.* Little Brown Book Group, London 2010

Ihre Familie hält mehrere Pferde, und sie liebt ihre Hühner, die frei im Garten umherlaufen. Ihre Zwillingssöhne kümmern sich um die Hühner und zeigen ihnen gegenüber einen starken Beschützerinstinkt. Sue rief mich eines Tages an und erzählte mir die folgende Geschichte:

Meine Söhne wollten ausgehen, sie steckten noch kurz ihre Köpfe in das Wohnzimmer, um mich daran zu erinnern, die Hühner abends in den Stall zu sperren. Noch liefen sie draußen frei herum, und es war schon später Nachmittag.

Dann passierte das Unvermeidliche, während ich mit einer Freundin telefonierte. Ich vergaß die Hühner vollkommen. Müßig sah ich aus dem Fenster, während ich mit meiner Freundin Neuigkeiten austauschte, als ich plötzlich zu meinem Entsetzen einen großen Fuchs sah, der sich an die Hühner anschlich. Ich ließ das Telefon fallen und rannte nach draußen und rief dabei die Engel um Hilfe an. Als ich beim Hühnerstall ankam, sah ich erstaunt und erleichtert zugleich, dass alle Hühner bereits drinnen waren und dass die Tür verschlossen war.

Für eines unserer Bücher über Orbs erhielten wir ein Foto, auf dem ein kleiner Hund zu sehen ist, neben dem ein goldener Orb von Erzengel Fhelyai schwebt. Uns wurde gesagt, dass der Hund ein paar Tage später gestorben war. Wir waren froh zu wissen, dass er die Hilfe bekommen hatte, die er brauchte.

Stirbt ein Mensch, wird er von einem Engel auf die andere Seite begleitet, wo er dann von seiner Familie und seinen Freunden empfangen wird. Dann empfängt er spirituelle Heilung, sein Leben wird begutachtet, und er unterzieht sich einer Ausbildung, die seinem Seelenwachstum förderlich ist. In den inneren Welten stellen sich manche Seelen Aufgaben, mit denen sie bereits durch ihre Erfahrungen auf der Erde vertraut sind. Andere werden mit Aufgaben betreut, die universelle Auswirkungen haben, während wieder andere auf ihren Ursprungsplaneten zurückkehren.

Die Arbeit auf den inneren Ebenen ist aber nicht lästig oder beschwerlich, sondern eher ein freudiger Ausdruck der eigenen Talente und der eigenen Kreativität. Eine gewisse Anzahl Seelen entscheidet sich dafür, sofort auf die Erde zurückzukehren, um ihr Karma auszugleichen – wodurch sie natürlich auch eine Menge lernen –, während die höher entwickelten Seelen auf die Erde zurückkehren, um zu lehren oder der Welt in irgendeiner anderen Weise zu helfen.

Gegenwärtig steigen immer mehr Menschen auf, nachdem sie gestorben sind. Diese Seelen werden von Erzengeln und aufgestiegenen Meistern empfangen und feierlich und freudvoll in die Himmel emporgehoben.

Tiere sind nicht geringer als Menschen, sie sind einfach anders. Einige sind weniger weit entwickelt, andere sind auf ihrem Weg schon weiter. Wenn Tiere sterben, machen sie ganz ähnliche Erfahrungen wie die Menschen. Sobald sie ihren Körper verlassen haben, ist ihr Geist frei, und sie werden von Erzengel Fhelyais Engeln empfangen und zu ihren Lieben auf der anderen Seite geführt. Dort werden sie geheilt, ihr Leben wird begutachtet, und sie lernen weiter. Auch sie erfreuen sich ihrer Freiheit und der Möglichkeit, ihr Wesen vollständig auszudrücken. Danach können sich ihre Seelen für eine Wiedergeburt auf der Erde oder die Rückkehr zu ihrem Ursprungsplaneten entscheiden. Sie können natürlich auch eine Zeit lang in den inneren Welten verbleiben.

Viele Menschen haben mir von Träumen berichtet, in denen sie ihre geliebten Haustiere in den geistigen Welten wiedergefunden und gesehen haben, wie glücklich, frei und voller Liebe sie dort sind.

Bettys Hund war ziemlich alt und hatte bis zu seinem Tod unter schwerer Arthritis zu leiden. Zuletzt war er sehr steif gewesen und hatte schon seit Jahren so starke Schmerzen gehabt, dass Betty hin- und hergerissen war, ob sie ihn nun einschläfern lassen sollte oder nicht. Der Tierarzt gab ihr den Rat: »Sie werden schon wissen, wann der Zeitpunkt dafür gekommen ist.« Und genauso war es. Eines Tages wusste sie einfach, dass es an der Zeit war, sich von ihm zu verabschieden. Aber die Entscheidung brach ihr das Herz.

Ein paar Wochen später hatte sie einen lebhaften Traum, in dem sie ihrem Hund wiederbegegnete. Er tollte voller Vitalität herum wie ein Welpe. Er sagte ihr, dass er dankbar für die zusätzlichen Jahre sei, weil er in ihnen viel gelernt hatte. Er sagte auch, dass sie zum Schluss die richtige Entscheidung getroffen hatte. Er wusste, dass sie es aus Liebe getan hatte. Und nun war er so glücklich darüber, endlich frei zu sein.

Sie spürte eine überwältigende Liebe, und damit er-
wachte sie. Sie weinte, als sie mir von diesem Traum er-
zählte, aber es waren Tränen der Liebe und Freude.

Wenn Sie einen Rat wegen eines Tieres brauchen,
bitten Sie Erzengel Fhelyai Ihnen zu helfen.

Die universellen Engel Roquiel und Joules

Roquiel arbeitet tief in der Erde und verbindet das Erdstern-Chakra enger mit der Dame Gaia. Er ist schwarz
und nimmt die durch die Chakras strömende Energie
jener Menschen auf, die bereit sind, sich dem Höchsten zu öffnen. Er hält diese Energie und leitet sie an Gaia
weiter oder schickt sie durch die Ley-Linien oder zu den
Portalen.

Er sorgt dafür, dass sich das Sternentor- und das Erdstern-Chakra gleichzeitig öffnen. Sein Refugium befindet
sich über Uluru in Australien.

Joules ist die Zwillingsflamme des universellen Engels
Roquiel, die weibliche Energie. Da sie tief in den Meeren
wirkt, ist eine ihrer Aufgaben die korrekte Ausrichtung
der tektonischen Platten zu beaufsichtigen. Ihr Refugium
befindet sich tief im Meer mitten im Bermuda-Dreieck.

Die universellen Engel Butyalil und Gersisa

Erzengel Butyalil ist der universelle Engel, der die gewaltigen Ströme des Universums in Ordnung hält, die einen Einfluss auf die Erde haben. Er trägt männliche Energie in sich und ist schneeweiß.

Wenn er in die Umlaufbahn unseres Planeten eintritt, sendet er seine Energie durch die Pyramiden. Interessanterweise befindet sich sein Refugium über der Erde an jenem zentralen Punkt, an dem sich die vier Himmelskörper Neptun, die Plejaden, Orion und Sirius treffen. Diese vier werden auch als Aufstiegssterne bezeichnet, weil sie eine entscheidende Rolle beim Aufstieg der Erde spielen.

Erzengel Butyalils Rolle ist so groß, dass er in Zusammenarbeit mit den Erzengeln anderer Planeten und mit Erzengel Purlimiek kommuniziert und wirkt. Die Einhörner unterstützen ihn ebenso wie Erzengel Metatron und der Serafim Serafina.

Selbstredend arbeitet er auch mit seiner Zwillingsflamme, der Erzengelin Gersisa zusammen, die weibliche Energie in sich trägt. So wie sich Erzengel Butyalil mit den kosmischen Wesen über der Erde verbindet, so stimmt sich Erzengelin Gersisa auf jene Wesen ein, die innerhalb des Erdreichs wirken. Ihr Refugium befindet sich in der Hohlerde direkt im Planetenkern.

Eine ihrer Aufgaben besteht darin, die Erzengel Sandalphon und Roquiel dabei zu unterstützen, die Erdstern-Chakras der Menschen zu reinigen, damit das göttliche Licht bis tief in den Planeten dringen kann. Sie kümmert sich auch um die Ley-Linien und trägt zu ihrer Reinigung bei. Sie nutzt die Energie des Vollmondes, um das planetarische Gitternetz zu stärken und es auszurichten. Erzengelin Gersisas Energie ist Grau, also die Vermischung von Schwarz und Weiß.

Erzengel Azrael

Erzengel Azrael ist ein Erzengel des Judentums und des Islams. Sein Name bedeutet »der, dem Gott hilft.«

Er ist als der Erzengel des Geistes bekannt, weil er als Mittler zwischen Engeln, Erzengeln und allem Geistigen fungiert. Er ist der einzige Engel, der keine Aura hat, weil sich sein Licht in seinem Inneren befindet, sodass er zwar durchsichtig ist, aber nicht leuchtet. Er trägt häufig einen schwarzen Mantel und hat schwarze Flügel. Er ist ruhig und still und spendet Trost, wann immer dieser gebraucht wird – besonders in Zeiten der Trauer. Er wird bei Ihnen sein, wenn Sie sterben. Er wird Sie trösten und Ihnen bei Ihrer Reise ins Jenseits helfen.

Wenn jemand im Angesicht seines Todes inneren Frieden gefunden hat, gibt er sich Erzengel Azrael hin, legt sich in seine Arme und lässt sich davontragen. Erzengel Azrael erinnert ihn daran, dass der Tod nichts als eine Wandlung ist.

Sterben viele Menschen gleichzeitig – zum Beispiel bei einer großen Naturkatastrophe –, wird Erzengel Azrael gemeinsam mit vielen anderen Erzengeln dort erscheinen, um den gerade Gestorbenen beizustehen. Sie bringen auch die Geister verstorbener Angehöriger von der anderen Seite mit, damit diese ihren Freunden und Verwandten bei der Reise auf die andere Seite beistehen und helfen können.

Bei jeder Geburt ist Erzengel Azrael im Hintergrund anwesend, während Erzengel Gabriel Licht ausstrahlt und den frisch inkarnierten Geist mit dem Körper des Babys verbindet.

Erzengel Azrael arbeitet auch mit Erzengel Metatron zusammen, um die Akascha-Chronik zu führen.

27

Die Hierarchie der Engel

Der Überlieferung gemäß wurden die Engel von Gott noch vor den Menschen erschaffen. Als diese schließlich ebenfalls erschaffen wurden, beauftragte Gott einige Engel damit, sich um sie zu kümmern.

Die Engel haben unterschiedliche Schwingungsfrequenzen, und alle Engel einer Frequenz haben bestimmte Aufgaben. Denken Sie an einen Stapel farbenfroher Seidenstoffe. Jeder Stoff hat seine eigene Schwingung. Dann werden alle Stoffe zu einem wunderschönen Wandbehang verwoben, in dem jede Farbe in sich vollkommen und gleichermaßen wichtig ist. Keine Farbe ist besser als die andere, denn jede hat eine bestimmte Aufgabe und ergänzt die anderen. So ist es auch im Reich der Engel, in dem alle Engel als gleich gelten, obwohl sie unterschiedliche Aufgaben haben.

Die höchste Schwingung haben die *Serafim*, *Cherubim* und *Throne*.

Eine etwas niedrigere Schwingung haben die *Herrschaften*, *Tugenden* und *Mächte*.

Auf der dritten Stufe befinden sich *Engelfürsten*, *Erz-*

engel und *Engel.* Sie haben eine etwas niedrigere Schwingung.

Interessanterweise befinden sich viele Erzengel in mehreren Dimensionen. Wir können sie auf der Erzengel-Frequenz erreichen, aber einige von ihnen auch in allen anderen Frequenzbereichen.

Serafim

Auf der höchsten Frequenz der Engel befinden sich die Serafim, deren Wesen reine Liebe ist. Sie sind die Himmlischen Heerscharen, die unentwegt Loblieder auf den Schöpfer singen und auf diese Weise die Schöpfung am Leben erhalten. Sie lenken die göttliche Energie, die vom Herrn des Universums ausströmt. Nur Wesen, die eine unvorstellbar hohe Schwingung haben, können so viel Gotteskraft ertragen.

Jeder Seraph hat eine andere Aufgabe und eine etwas andere Schwingung, aber alle haben denselben Rang inne. Normalerweise arbeiten sie nicht mit den Menschen, aber sie fügen ihre Energie jenen Projekten hinzu, die für die ganze Menschheit von Bedeutung sind. Von Zeit zu Zeit kommunizieren sie auch mit uns.

Cherubim

Die Cherubim, die Engel der Weisheit, sind Hüter der Sterne und des Himmelsgewölbes. Sie helfen uns, ein Gefühl der Ehrfurcht angesichts der gewaltigen Majestät des

Universums zu empfinden. Sie helfen uns auch, uns unbewusst mit unserem Ursprungsplaneten zu verbinden, damit wir inneren Frieden finden. Wenn Sie mit den Cherubim arbeiten möchten, müssen Sie sich gründlich läutern und Ihre Schwingung anheben. Wenn Sie die Einhörner anrufen, werden diese Ihnen dabei helfen.

Keruben

Die Keruben arbeiten eng mit den Cherubim zusammen und helfen ihnen bei der Arbeit mit den Sternen. Sie arbeiten auch mit jenen Menschen, die Engelboten sind.

Während der Renaissance wurden Keruben von vielen Mystikern und von Menschen gesehen, deren drittes Auge beispielsweise durch Fieber geöffnet worden war. Aus diesem Grund stellen so viele Künstler Keruben dar. Tatsächlich sahen die damaligen Maler nur ein winziges Energieteilchen der Cherubim, die eine viel zu hohe Schwingung haben, um von menschlichen Augen wahrgenommen zu werden.

Keruben werden häufig als Babys dargestellt, weil sie eine so große Freude und kindliche Unschuld ausstrahlen. Menschen, die sich sehr verletzbar fühlen, nehmen ebenso häufig Kontakt zu ihnen auf wie Menschen, welche die Sterne und den Kosmos lieben.

Throne

Die Throne beschützen und bewachen die Planeten, und so ist es auch ein Thron, der sich um die Erde kümmert. Der hebräische Prophet Ezechiel beschreibt sie als lodernde Fackeln oder glühende Feuerkohlen. Auf Gemälden sind sie oft mit vielen Augen oder Rädern abgebildet.

Auf diese Dreiheit – die Seraphim, Cherubim und Throne – strahlt das Licht des göttlichen Quells unmittelbar hernieder. Sie nehmen es auf und geben es in abgeschwächter Form an alle übrigen himmlischen und irdischen Wesen im Universum weiter, die es nur in dieser verwandelten Weise ertragen können.

Herrschaften

Die Herrschaften sind eine Art »Himmelspräfekten«, die im Reich der Engel die Rangniedrigeren überwachen. Sie dienen als Kanäle für die Barmherzigkeit Gottes, und obwohl sie selten Verbindung zu Menschen aufnehmen, ermöglichen sie doch den Übergang zwischen der spirituellen und der materiellen Welt.

Tugenden

Die Tugenden senden gewaltige Lichtstrahlen in einer Form aus, zu der wir Menschen eher Zugang haben. Sie sind die Engel, die Wunder geschehen lassen. Wenn mehrere

Menschen sich versammeln, um ihr Bewusstseinsniveau anzuheben und sich auf die Energie der Engel einzustimmen, erhalten sie Zugang zu den göttlichen Botschaften, welche die Tugenden verkünden. Dieses Wissen ermöglicht den Quantensprung des Bewusstseins, der das Neue Zeitalter einläutet.

Mächte

Mit den Mächten sind Sie vielleicht noch nicht so vertraut, aber die meisten von Ihnen haben schon einmal von Engeln der Geburt oder des Todes gehört. Der Engel der Geburt, der uns im Augenblick unserer Ankunft auf der Erde liebevoll umfängt, ist eine Macht; ebenso der Engel, der uns in unserer Todesstunde freudig den Übergang vom menschlichen Körper in den Lichtkörper erleichtert. Wenn sich Menschen beispielsweise nach dem Verlassen ihres Körpers auf den astralen Ebenen verirren, führen diese Engel sie auf den richtigen Weg zurück.

Auch die Herren des Karmas, die alle unsere Handlungen in der Akascha-Chronik aufzeichnen, gehören zu den Mächten. Sie wachen über das Gewissen der Menschheit und sind auch Herren des Gruppenkarmas, des nationalen Karmas, des Weltkarmas und des universellen Karmas.

Engelfürsten

Engelfürsten haben die Aufgabe, Städte, Staaten, multinationale Gemeinschaften und größere Menschengruppen zu beschützen. Wie die meisten Engel wirken sie im gesamten Universum, und die Erde ist nur ein sehr kleiner Teil ihres Wirkungsbereichs. Wenn wir Probleme in der Nachbarschaft oder auf kommunaler Ebene haben, können wir die Engelfürsten um Hilfe bitten.

Erzengel

Die Erzengel sind mit verschiedenen Großprojekten betraut und beaufsichtigen zudem die Engel. Mehr darüber haben Sie im Kapitel 26 erfahren.

Engel

Es gibt viele Arten von Engeln, die alle verschiedene Aufgaben haben. Schutzengel werden deshalb ausgewählt, weil ihre niedrigere Schwingung jener der Menschen am ehesten gleicht. Sie behüten uns seit unserer Geburt, sind aber auch zur Stelle, um uns anzuleiten und uns auf mannigfaltigste Art zu unterstützen, wenn wir nur darum bitten. Sie können uns Steine aus dem Weg räumen, durch uns heilen, uns inspirieren, unser Bewusstsein erhöhen und uns helfen, ein harmonisches Leben zu führen und Träger des Lichts zu werden.

Engel sind unsere Hüter auf der Erde. Jeder von uns hat einen persönlichen Schutzengel, der unsere Gedanken und Taten in unserer persönlichen Lebenschronik aufzeichnet. Diese individuelle Akascha-Chronik, in der all unsere Gedanken und Taten aufgezeichnet werden, wird von den Herren des Karma überwacht.

28

Engel in der Bibel

Die Bibel ist voll von Geschichten über Engel, die in entscheidender Weise das Schicksal der Menschen nach Gottes Willen lenken.

Engelsboten

Die bekannteste Erzählung des Neuen Testaments, in der Engel erwähnt werden, berichtet von den Boten, die zur Zeit der Geburt Jesu Christi erschienen. Vor Marias Vermählung mit Josef erschien Maria ein Engel und verkündete ihr, sie werde ein Kind zur Welt bringen – den Sohn Gottes.

Da Josef offenbar im Wachzustand nicht empfänglich für die himmlischen Wesen war, erschien ihm ein Engel im Traum, um ihm zu offenbaren, dass Marias Kind tatsächlich der Messias sei. Später fand sich ein Engel bei den Hirten ein und verkündete, dass ihr Retter geboren sei, woraufhin sich diese von einer ganzen Engelschar umgeben sahen, die sang: »Ehre sei Gott in der Höhe und Friede auf Erden.«

Die drei Weisen aus dem Morgenland folgten einem leuchtenden Stern, der sie zu dem Stall führte, in dem Jesus zur Welt gekommen war. Herodes wollte von ihnen erfahren, wo sich das Kind befand, aber Engel warnten sie davor, zu Herodes zurückzukehren, und so verließen sie das Land über eine andere Route. Als Herodes daraufhin wütend den Tod aller Knaben unter zwei Jahren anordnete, griff wiederum ein Engel ein, der Josef vor der Gefahr warnte, und so konnte er rechtzeitig mit Maria und seinem Sohn nach Ägypten fliehen.

Bei einer anderen Gelegenheit erschienen zwei strahlende weiße Engel den Jüngern Jesu und überbrachten ihnen die freudige Botschaft, dass Jesus von den Toten auferstanden und in den Himmel aufgestiegen wäre – und dass er einst vom Himmel auf die Erde zurückkehren würde.

Die frühen Christen waren gegenüber Engeln überaus aufgeschlossen, so wie auch heute wieder ein lebendiges Interesse an den himmlischen Wesen erwacht ist. Der römische Zenturio Kornelius aus Caesarea, der mit einer Jüdin verheiratet war, war ein guter Mensch. Eines Tages hörte er, wie ein Engel seinen Namen rief und ihm auftrug, sich zu Simons Haus zu begeben, wo der Apostel Petrus zu jener Zeit wohnte.

Petrus betete gerade auf dem Dach seines Hauses, als er eine überwältigende Vision hatte. Er sah ein riesiges Tuch, unter dem sich unzählige Tiere befanden, darunter Schweine, Ziegen, Lämmer, Wölfe und Hühner. Eine Stimme befahl ihm, sich davon etwas auszusuchen und es zu essen.

Petrus war jedoch Jude und durfte kein Fleisch von Tieren essen, die nicht nach jüdischem Gesetz getötet worden waren. Das erklärte er dem Engel. Dieser erwiderte: »Was Gott für rein erklärt hat, das erkläre du nicht für unrein!« Diese rätselhafte Vision hatte er noch zweimal, und jedes Mal hörte er dieselben Worte. Als er schließlich vom Dach herunterstieg, klopften römische Soldaten ungestüm an die Tür. Der Engel trug ihm auf, ohne Bedenken mit ihnen zu gehen, denn sie wären von Jesus gesandt.

Die Soldaten führten ihn zu Kornelius, der ihn anflehte, alle Menschen, die sich in seinem Haus versammelt hatten, zu unterrichten und zu taufen. Viele der Gemeindeältesten waren entsetzt, denn ihrer Ansicht nach sollten Nichtjuden keine Christen werden. Petrus erinnerte sich jedoch an die eindrucksvollen Worte des Engels: »Was Gott für rein erklärt, das erkläre du nicht für unrein!«

Er erinnerte die Gemeindeältesten daran, dass Gott ausnahmslos jeden Menschen annimmt. Da vernahmen sie ein Geräusch, das wie das Rauschen des Windes klang, aber vermutlich von Engelsflügeln stammte, und Feuerzungen flackerten über der Menschenmenge.

Engel als Retter

Wenn Gefahr droht, stehen Engel zur Rettung bereit. Das Alte Testament berichtet von Daniel, der in eine Grube voll hungriger Löwen geworfen wurde, wo er, selbst wenn ihn die Löwen nicht gefressen hätten, verhungert wäre. Aber es erschien ein Engel bei dem Bauern Habakuk, der ihn um einen gerade gepackten Proviantkorb bat. Der

Engel führte ihn mit dem Korb zur Löwengrube, wo der erschrockene Bauer Daniel den Proviant reichte.

Vermutlich stellten die Löwen für Daniel ohnehin keine Gefahr dar, andernfalls hätte der Engel ihn ja vor ihnen beschützt. Denn früher wurden Eingeweihte in den Tempeln darin geschult, ihre Gedanken und ihre Angst so zu kontrollieren, dass sie Löwen, Schlangen oder jede andere Kreatur beherrschen konnten. In einem früheren Leben könnte Daniel ein solches geistiges Training absolviert haben.

Als Nebukadnezar König von Babylon war, weigerten sich drei Juden – Schadrach, Meschach und Abed-Nego –, der von ihm errichteten riesigen Götzenstatue zu huldigen. Man drohte ihnen, sie in Ketten zu legen und in das lodernde Feuer im Ofen zu werfen, wenn sie das Götzenbild nicht anbeteten.

Als sie sich immer noch weigerten, warf man sie tatsächlich in den glühenden Ofen. Statt der üblichen Schreie von Menschen, die verbrannt werden, hörten die zuschauenden Würdenträger jedoch nur Gesang. Mit leichenblassem Gesicht deutete Nebukadnezar auf die Flammen und sagte, er sehe in den Flammen drei singende Männer und einen Engel.

Der König ließ die drei Männer aus den Flammen holen. Von der Hitze des Feuers waren die Ketten geschmolzen und abgefallen. Körper, Haare und Kleidung waren unversehrt und statt des Geruchs von versengtem Fleisch nahm man nur den Duft von Blumen wahr.

Engel der Zerstörung

Es gibt auch Engel der Zerstörung. Altes und Schlechtes wird zerstört, damit Neues und Gutes entstehen kann. Dies ist auch die Aufgabe des Hindu-Gottes (oder -Engels) Shiva.

In einer Stadt namens Sodom herrschten Begierde und Unzucht. Als Gott sie deshalb vernichten wollte, bat Abraham ihn darum, nur die zügellosen Menschen, nicht aber die guten und ehrlichen zu töten. Gott versprach ihm, alle Menschen in der Stadt zu verschonen, falls man ihm zehn ehrliche Menschen zeigen könnte. Es fand sich jedoch nur ein einziger guter Mensch in Sodom, ein Mann namens Lot, und so zerstörten Gottes Engel die Stadt.

Man mag dagegen einwenden, dass ein gewöhnliches Erdbeben dieses Gebiet zerstört haben könnte, jedoch ist zu bedenken, dass die Engel alle Naturereignisse – auch Erdbeben – überwachen.

29

Engel in Kirchen

Die meisten Menschen haben beim Besuch von Kirchen oder Kathedralen schon einmal ein Gefühl von Frieden und Stille erlebt. Sie spürten die liebevolle Kraft der Engelenergie, welche die himmlischen Wesen über Jahrhunderte in dem heiligen Raum bewahrt haben.

Der Engel einer Kirche kann auch sehr beschützend wirken. Eine meiner Freundinnen hatte sich vorgenommen, Weihnachten ganz still und besinnlich zu verbringen, und ging allein in eine Kirche. Beim Betreten spürte sie die Gegenwart eines goldenen Engels, welche die Kirche ganz erfüllte, und war überwältigt von seiner Stärke, Macht und Grimmigkeit. Dieses keineswegs erschreckende Erlebnis schenkte ihr die beruhigende Gewissheit, dass der Engel über eine riesige und beschützende Kraft verfügte. Sie fühlte sich in seiner Energie geborgen und eingehüllt. Dies ist bis heute ihr einziges Erlebnis dieser Art geblieben.

In der Natur machen Menschen oft spirituelle Erfahrungen. Begegnungen mit Engeln sind deshalb so beglückend, weil die himmlischen Wesen weder über uns urteilen noch uns kritisieren. Es genügt schon, wenn uns die Präsenz der Baum-, Stein-, Berg- und Flussengel umgibt, welche uns einfach so annehmen, wie wir sind, damit wir uns geborgen fühlen. Wenn wir die Sicherheit spüren, die ihre Gegenwart uns schenkt, können wir unseren Panzer ablegen und uns höheren Dimensionen öffnen.

In einer Kirche – oder genauer gesagt – in jedem Gebäude, das spirituellen Zwecken dient, kann sich ein solches Gefühl der Geborgenheit einstellen. Wenn das Bewusstsein der betreffenden Gemeinde so weit entwickelt ist, dass sie niemanden verurteilt, sondern jeden Menschen so akzeptiert wie er ist, wird dieser Ort von einem tiefen Frieden erfüllt sein, der unseren Geist zur Ruhe bringt und unser Herz öffnet.

Auf der Welt geht es nur zu oft sehr laut, unharmonisch, aufregend und gewalttätig zu. Wir werden den Weg zu Gott niemals finden, wenn wir ständig beschäftigt und abgelenkt sind. Kirchen und Tempel sind jedoch ruhige, friedvolle Orte, an denen wir zu unserer Mitte finden können.

Um auf unsere Intuition hören zu können und zu unserer tiefsten Weisheit zu gelangen, müssen wir still werden und schweigend zuhören. Wenn wir täglich zu innerem Frieden, Ruhe und Stille finden, offenbart sich uns der Weg, den wir gehen sollen, und ebnet sich. Und indem wir uns mit dem Schöpfer verbinden, finden wir wahre Labsal für unseren Geist. In der Stille unseres Herzens und unseres Verstandes kann sich die Leere in uns mit Liebe füllen.

Wenn wir ganz still werden und zu unserer Mitte finden, verbreiten wir so wunderbare Wellen des Friedens um uns, dass auch andere Menschen in unserem Meer der Harmonie baden wollen.

Die Engel der Natur, der Kirchen und der heiligen Orte helfen uns, unsere unsteten Gemüter und Herzen zu beruhigen und zu besänftigen. Sie sorgen für einen ruhigen und geschützten Ort, an dem diese Verbindung stattfinden kann.

Jeanne, deren Geschichte ich bereits im achten Kapitel erzählte, besuchte kürzlich den Dom in Florenz. Sie stand hinten im Dom inmitten einer Gruppe Menschen und entspannte sich in der friedlichen, erhebenden Atmosphäre des Orts. Plötzlich wurde sie von einem unglaublich starken Gefühl überflutet, und ihr Blick wurde auf die rechte Seite des Doms gelenkt. Von dort strömten so gewaltige liebevolle Energiewellen auf sie ein, dass Jeanne ganz gefesselt war. Das unsichtbare Wesen reichte bis zur Decke hinauf und erfüllte den ganzen Raum. Trotz ihrer Enttäuschung darüber, dass sie diesen riesigen Engel nicht sehen konnte, spürte sie doch seine liebevolle Gegenwart so stark, dass es schien, als öffne sich ihr Herz und werde ganz weit.

Wenn Sie sich in der Liebe der Engel entspannen, wird sich Ihr Herz öffnen.

30

Dunkle Engel

Wir alle kennen Geschichten von dunklen oder gefalle-
nen Engeln, die sich gegen Gott auflehnten und böse und
rachsüchtig wurden. Sie sind uns als Luzifer, Satan, Me-
phistopheles, Samael und Beelzebub nur zu vertraut. Alle
Religionen sprechen von dunklen Engeln oder Göttern,
die Menschen in Versuchung führen oder vernichten. Ich
glaube, dass diese dunklen Kräfte nur auf der Erde, dem
Planeten der freien Wahl und Dualität, an Einfluss gewinnen konnten.

Im Buch Jesaja sagt Gott: »Ich erschaffe das Licht und
mache das Dunkel.«[12] Immer schon hielt man den Schöpfer für die Quelle der Schöpfung und der Vernichtung zugleich. Erst 200 Jahre vor Christi Geburt entwickelte sich
der Glaube an eine von Gott getrennte böse Macht, die
sich Gott widersetzte.

12 Jesaja 45,7 (Einheitsübersetzung)

Gott aber ist allmächtig, Er ist reines Licht.
Er konkurriert nicht mit dem Bösen
oder dem Teufel, Er setzt sie als Diener
für seine Absichten ein.

Der Legende nach machte Luzifer, ein Seraph, Träger des Lichts und der Liebling Gottes, ihm den Thron streitig. Gott schleuderte den Rebellen in den Abgrund, und ein Drittel der Engelschar fiel mit ihm vom Licht ab. Sie wurden zu dunklen Engeln, die seither versuchen, die Menschen vom rechten Weg abzubringen und sie in Versuchung zu führen.

Letztendlich dienen jedoch alle Engel dem göttlichen Quell. Erzengel können nicht abfallen. Sie lehnen sich auch nicht gegen den Schöpfer auf, sondern bieten Gott ihre Dienste an – in diesem Fall, um die Bewohner der Erde auf die Probe zu stellen.

Die Erde ist insofern einzigartig, als Gott beschloss, hier ein Experiment mit dem freien Willen durchzuführen. Wie können Menschen besser durch ihre eigenen Erfahrungen geistig wachsen, als wenn sie freie Wahl haben?

Der Grund für das Experiment war folgender: Im Zustand der Vollkommenheit ist kein Wachstum möglich. Damit sich der Mensch weiterentwickeln kann, muss es Herausforderungen geben. Es gibt kein Yin ohne Yang, nichts Negatives ohne Positives, keine weibliche ohne männliche Energie. Also wurde die Erde als eine Stätte der Wahlmöglichkeiten geschaffen, wo ihre Bewohner lernen können, Materie und Geist in Harmonie zu bringen. Durch die Erfahrung der Polarität sollte sich das Bewusstsein der Wesen, die sich hier verkörpern, vervollkommnen und den göttlichen Quell bereichern, wenn sie nach Hause zurückkehren.

Als Gott diese Zone des freien Willens schuf, war zur Überwachung des göttlichen Projekts ein mächtiger Erzengel nötig. Ich glaube, der Erzengel Luzifer meldete sich freiwillig, um dieses Experiment durchzuführen. Wir hören immer wieder, dass Luzifer eines Tages an seinen ursprünglichen Platz zurückkehren wird, und zwar dann, wenn alle Menschen auf der Erde ihr Bewusstsein vervollkommnet und ihre Schattenseiten in einer entwickelten Persönlichkeit integriert haben. Dann erst hat er seine Aufgabe erfüllt.

Um am Experiment des freien Willens teilnehmen zu können, willigten Luzifer und seine freiwilligen Helfer ein, dass ihre Verbindung zu Gott vorübergehend unterbrochen wurde. Sobald Luzifer zum Herrn der Dunkelheit wurde, wirkte er als Quelle der Negativität und setzte seine unermessliche Macht ein, um die Menschen zu verführen.

Der Schöpfer verfügte, dass alle Wesen, die sich hier verkörpern, bei ihren Gedanken und Handlungen freie Wahl haben sollen. Bei unserer Geburt wird deshalb die Erinnerung an unser göttliches Erbe ausgelöscht, obwohl wir den göttlichen Funken von Zeit zu Zeit in uns spüren. Es ist uns auf der Erde völlig freigestellt, negativen oder positiven Gedanken nachzuhängen und Gutes oder Schlechtes zu tun. Unser Wachstum hängt einzig von unseren Entscheidungen ab. Darüber hinaus wird alles, was wir denken oder woran wir glauben, in unserem Leben widergespiegelt. Das bedeutet, dass sich jeder von uns seine eigene individuelle Realität schafft. Wenn wir unsere Überzeugungen, Gedanken oder Handlungen ändern, reflektiert das Universum die Veränderungen, und wir erleben auch in unserem äußeren Leben einen tief greifenden Wandel.

Mit anderen Worten: Auf der Erde wird unsere innere Welt von der Außenwelt reflektiert. Dadurch haben wir die optimale Chance, spirituell zu wachsen. Wir vervollkommnen uns, indem wir uns den Prüfungen stellen, die uns auferlegt werden. Immer wenn wir uns für richtiges Denken oder richtiges Tun entscheiden, entwickeln wir uns ein wenig weiter. Auf Daseinsebenen, wo es keine freie Wahl gibt, vollzieht sich das Wachstum langsamer.

Finsternis, Negativität oder Böses bedeuten das Fehlen von Licht oder spirituellem Wissen. Wenn uns die Finsternis überwältigt hat, fühlen wir uns von Gott getrennt. Das tut weh, und nur ein verletztes Wesen schadet einem anderen.

Das Gefühl der Trennung vom Licht führt zu Schuldgefühlen, Angst und Selbsttäuschung. Wenn wir Gott vergessen oder meinen, wir seien allein und hätten keine tiefere Verbindung zu anderen Seelen, machen wir uns von Menschen abhängig und klammern uns an sie. Das heißt, wir versuchen fatalerweise, es anderen Menschen recht zu machen oder sie zu beherrschen, um das Gefühl des Verlassenseins zu vermeiden. Und so wird es in uns immer finsterer.

Als die spirituellen Wahrheiten in Vergessenheit geraten sind, haben Menschen damit begonnen, andere zu verletzen, den Planeten zu zerstören, materiellen Besitztümern nachzujagen und dunkle, zornige Gedanken zu hegen. Die dunklen Engel förderten diese Negativität und wurden dadurch immer mächtiger.

Es ist sehr schwierig, sich nicht von der Negativität anstecken zu lassen, solange wir uns in einem physischen Körper befinden. Selbst Menschen mit einem hoch entwickelten Bewusstsein finden es schwierig, sich der Finsternis unseres Planeten zu entziehen. Obwohl das Risiko besteht, dass unser göttliches Licht vom schwarzen Tuch der Finsternis völlig umhüllt wird, sodass sein Strahlen erstirbt, warten Seelen aus dem ganzen Universum darauf, sich auf der Erde zu verkörpern, weil diese so einzigartige Herausforderungen und Gelegenheiten zum Wachstum bietet.

Menschen, die von der Negativität überwältigt worden sind oder sich gegenüber der Wahrheit verschlossen haben, gehen auf diesem Pfad oft so lange weiter, bis ihr Herz so verletzt ist, dass sie laut um Hilfe rufen. Die Engel des Lichts wenden sich ihnen dann sofort mit ihrer ganzen Liebe zu und führen die verzweifelten Menschen zurück zu Gott.

Genauso wie die Engel des Lichts ihre Macht einsetzen, um Menschen zu unterstützen, sie zu ermutigen und zu befreien, setzen die dunklen Engel alles daran, die Menschen in Versuchung zu führen, ihnen zornige und zerstörerische Gedanken einzuflüstern und ihre Energie zu schwächen. In der Sphäre des freien Willens, die die Erde darstellt, tun die dunklen Engel alles, um ihr Ziel zu erreichen, ja, sie geben sich sogar als Lichtengel aus, um die Seelen an sich zu ketten. Der wirksamste Schutz gegen die Stimmen der Finsternis – das heißt der Versuchung – sind ein gesunder Menschenverstand und ein gutes Urteilsvermögen sowie gütige, liebevolle Absichten und eine positive Einstellung – und dass man immer auf die leise innere Stimme des höheren Bewusstseins horcht.

Wenn uns ein Engel oder ein anderes Wesen erscheint, empfiehlt es sich immer zu prüfen, ob es wirklich ein Lichtwesen ist. So könnte man fragen: »Im Namen Gottes und allem, was heilig ist, bist du ein Engel des Lichts?« Stellen Sie das Wesen dreimal auf diese Weise auf die Probe. Wenn die Antwort jedes Mal »Ja« lautet, dürfen Sie ihm Ihr Vertrauen schenken. Diese Wesen sind den mächtigen geistigen Gesetzen des Universums unterworfen und müssen ehrlich antworten, wenn man sie dreimal im Namen Gottes herausfordert.

Wahre Engel strahlen ein goldenes Licht aus, und ihre Botschaften werden in uns stets Liebe, Harmonie, Gerechtigkeit und Glauben hervorrufen. Ein Lichtengel wird außerdem immer ein Gefühl von Wärme und Frieden in uns hinterlassen. Lichtengel fordern uns auf: »Folge deinem Herzen. Das ist deine höhere Bestimmung.«

Lichtengel haben keinen freien Willen. Ihr innigster Wunsch ist es, dem Schöpfer zu dienen und nach seinem Willen zu handeln. Das engt ihre Wahlmöglichkeiten ein. Wenn auch wir Menschen unser Bewusstsein so weit entwickeln, dass unser einziger Wunsch darin besteht, dem Willen Gottes zu folgen, dann verzichten wir irgendwann auf die verhängnisvolle Freiheit, uns selbst oder anderen Schaden zuzufügen.

Wir dürfen nie vergessen, dass die Göttliche Intelligenz das Projekt des Planeten Erde überwacht und dass Licht immer stärker ist als Dunkelheit. Keine dunkle Macht kann uns etwas anhaben, wenn wir am Licht festhalten.

Bei diesem Experiment des freien Willens haben die Menschen die Grenzen dessen, was erlaubt ist, längst überschritten. Wir haben uns und dem Planeten großes Leid zugefügt und deshalb bieten derzeit Engel und andere Lichtwesen all ihre Kräfte auf, um uns zu helfen und uns vor dem drohenden Untergang zu bewahren. Wir müssen uns unbedingt entspannen, Zutrauen fassen, zu unserer Mitte finden und zur Ruhe kommen, damit sie sich uns noch mehr nähern können.

Wie den Menschen so steht es auch den dunklen Engeln, die sich für dieses Experiment von Gott getrennt haben, frei, nach ihrem eigenen Willen zu handeln.

Lichtengel haben keinen freien Willen;
sie sind allein vom Wunsch beseelt,
dem Willen des Schöpfers zu dienen.

31

Engel als Retter

In Zeiten der Gefahr wenden sich viele Menschen der geistigen Welt zu. Viele müssen erst in lebensbedrohliche Situationen geraten, um sich wieder daran zu erinnern, dass sie auf liebevolle Hilfe vertrauen dürfen. Vielleicht ist das der Grund, weshalb man häufig zeitgenössische Darstellungen von Engeln in Militäreinrichtungen findet? Ich war jedenfalls gar nicht erstaunt, als ich auf einem Marinestützpunkt in Kalifornien auf ein wunderschönes bleiverglastes Fenster mit dem Erzengel Gabriel stieß.

Über die Erscheinung von Engeln in Mons während des Ersten Weltkriegs gibt es gründlich recherchierte Berichte. Als die Briten von den Deutschen geschlagen wurden, erschienen den Armeen offenbar Engel, die Hunderten von Soldaten Trost und neuen Mut gaben. Den Berichten zufolge sahen manche von ihnen einen, andere wiederum eine ganze Schar Engel. Alle sind sich jedoch darin einig, dass die Engel eingriffen, um die britische Armee zu ermutigen und ihr Zeit zum Rückzug zu verschaffen.

Ich bin mir sicher, dass die Engel Millionen von Gebeten von beiden Seiten erhörten, sowohl die der Armee als auch jene der Menschen zu Hause, die mit Bangen die Rückkehr ihrer Lieben erwarteten. Ganz zwangsläufig unterstützten die Lichtwesen die Freiheit und nicht die Aggression und die Macht.

Während der Schlacht um England soll es Flugzeuge gegeben haben, die, obwohl ihre Besatzung getötet worden war, weiterkämpften. Der oberste Marschall der Luftwaffe, Lord Dowding, äußerte später, er sei sicher, dass Engel diese Flugzeuge gesteuert hätten.

Kurz nachdem ich diese Episode niedergeschrieben hatte, erzählte mir eine Freundin, dass ihr Vater als Teenager ein bewegendes Erlebnis mit einem Engel gehabt habe. Er hatte ihr gegenüber niemals davon gesprochen, sie hatte erst Jahre später durch ihre Mutter davon erfahren.

Es geschah im Alter von 18 Jahren, als er mit seinem ersten Motorrad unterwegs war. Das Motorrad geriet im Regen ins Schleudern, und er stürzte. Als der Krankenwagen eintraf, war er nur noch halb bei Bewusstsein. Während ihn die Sanitäter in den Krankenwagen hievten, hörte er mit einem Male ein leises Flügelflattern und spürte, wie ihn eine wunderbare warme, Geborgenheit ausstrahlende Wesenheit vorsichtig mit den Sanitätern hochhob. Nun wusste er, dass ein Engel ihn beschützte und dass alles in Ordnung war.

Ich frage mich, ob und inwiefern dies sein Leben wohl verändert hat. Oder verbannte er wie so viele andere dieses Erlebnis ein für alle Mal ins dunkle Hinterstübchen?

Bevor wir uns auf der Erde verkörpern, besprechen wir unser zukünftiges Leben mit den Herren des Karma, jenen Wesen in der Engelhierarchie, welche die Chronik unserer vergangenen Leben und Taten führen und sie überwachen. Wir wählen den Zeitpunkt unserer Geburt und die geeigneten Eltern aus, damit wir genau die Erfahrungen machen können, die für unsere Weiterentwicklung notwendig sind. Wir entscheiden auch darüber, welche planetaren Aspekte uns beeinflussen werden. Höher entwickelte Seelen suchen die Bedingungen für ihre Inkarnation sorgfältiger aus, weshalb sie auch weniger Alternativen haben.

Wir setzen im Voraus unsere Lebensdauer auf diesem Planeten und den Zeitpunkt unserer Rückkehr fest. Die Entscheidung über unseren Tod kann sich aber aufgrund bestimmter Entscheidungen, die wir während unseres Lebens auf der Erde treffen, ändern. Wenn wir beispielsweise unseren physischen Körper durch schlechte Ernährung schädigen, wird er vielleicht nicht mehr in der Lage sein, unserem Geist eine geeignete Bleibe zu bieten. Sollten wir unseren Lebenswillen verlieren, treten wir möglicherweise schon vorzeitig unsere Reise zurück an, aber niemand kann ohne die Erlaubnis seines Höheren Selbst und Gottes sterben.

Selbstmord ist jedoch nicht die einzige Möglichkeit, sich frühzeitig unserer Mission auf der Erde zu entziehen, denn der Selbstzerstörungstrieb kann viele Formen annehmen. Menschen trinken sich zu Tode. Sie gehen gegen besseres Wissen lebensgefährliche Risiken ein. Sie sterben an gebrochenem Herzen. Sie hängen so machtvollen negativen Gedanken nach, dass sie krank werden. Unsere Engel versuchen immer uns zu helfen, ganz gleichgültig, wie dumm wir uns auch anstellen mögen.

Sollten wir unsere Mission auf der Erde vorzeitig abbrechen, müssen wir sie unter ähnlichen Umständen und mit denselben Herausforderungen wiederholen. Wenn wir uns beispielsweise zehn Jahre zu früh verabschieden, noch bevor wir eine letzte karmische Schuld getilgt haben, brauchen wir vielleicht nur für zehn Jahre zurückzukommen, um sie zu begleichen. In diesem Fall werden wir in unserem nächsten Leben möglicherweise schon während der Kindheit sterben. Die Engel werden uns bei all unseren Entscheidungen unterstützen.

Wenn aber unsere Todesstunde definitiv noch nicht gekommen ist, wird unser Engel uns retten. Das kann er sogar auf physischer Ebene tun. Viele Menschen haben in gefährlichen Situationen einen warmen Luftzug wahrgenommen und gefühlt, wie eine unsichtbare Kraft sie aus der Gefahrenzone zog.

Im Krieg gab es eine Redewendung, die lautete: »Wenn auf einer Kugel dein Name steht, bist du eben an der Reihe.« Wenn das Schicksal jedoch einen anderen Plan für jemanden vorgesehen hatte, war er sicher. Die Engel beschützten ihn.

Immer mehr Menschen berichten heute von Nahtoderfahrungen. In allen Kulturen und Religionen stimmen diese Geschichten auf bemerkenswerte Weise überein. Fast alle Betroffenen berichten von einem Tunnel aus Licht, durch den sie sich hindurchbewegen, und von einem wunderbaren Gefühl von Frieden und Liebe. Hierauf erklärt ihnen zumeist ein Engel, ein Lichtwesen oder auch nur eine Stimme, dass sie ihre Aufgabe noch nicht erledigt haben und deshalb zurückkehren müssen.

In anderen Fällen rät ihnen ein Engel oder ein strahlendes weises Wesen – vermutlich ein Vertreter der Herren des Karma –, ihre Situation nochmals zu überdenken, und stellt ihnen frei, entweder zu bleiben oder zurückzukehren und ihr Leben zu verändern.

Der Tod kommt nie zufällig;
unsere Engel werden uns retten,
wenn es noch nicht an der Zeit ist,
den Planeten zu verlassen.

32

Die Weisheit der Engel

Engel dienen dem Geist. Wahre Spiritualität geht über Religion weit hinaus, doch sie akzeptiert und respektiert alle Religionen. Auf dem Gipfel des Berges ist alles eins, aber je weiter unten wir am Fuße des Berges stehen, desto weiter haben wir uns von der reinen Botschaft des Geistes entfernt, und umso größeren Streit gibt es zwischen den Religionen.

Wahre Spiritualität betrachtet diesen Berg und sieht, dass jeder Pfad zu Gott für die Person, die ihn beschreitet, der Richtige ist – selbst Schmerz, Krankheit, Verletzungen und Katastrophen sind Wege zum Licht. Schmerz, Krankheit, Verletzungen und Katastrophen stellen Prüfungen dar, die uns dazu bewegen sollen, uns wieder Gott zuzuwenden. Tiefste Verzweiflung markiert oft den Wendepunkt in der persönlichen Entwicklung eines Menschen, an dem er Gott um Hilfe anruft.

Diejenigen, die unbewusst der Finsternis zuarbeiten – leider oft im Namen Gottes und der Religion –, wollen andere beherrschen, einschränken oder entmachten. Sie sagen vielleicht: »Du wirst den Berggipfel nur erreichen, wenn du so oder so handelst.« Sie verweigern möglicherweise sogar jemandem ihre Hilfe, falls dieser nicht dem von ihnen vorgegebenen Weg folgt. Das zeugt vom Wunsch nach Beherrschung und Manipulation, von geistiger Beschränktheit und fehlendem Mitgefühl. Wenn irgendjemand versucht, andere im Namen des Lichts einzuschränken oder ihnen ihre Freiheit zu nehmen, erweist er dem Planeten keinen Gefallen und lädt sich darüber hinaus ein furchtbares Karma auf.

Menschen, die Gott fürchten, wandeln im Finstern.
Menschen, die Gott lieben, wachsen dem Licht entgegen.
Menschen, die Engel fürchten, leben im Schatten.
Menschen, die Engel lieben, tanzen voller Freude.

Die Förderung der Unwissenheit verhindert, dass Menschen den Weg ins Licht finden. Wer wissentlich die Wahrheit verbirgt oder sie unter dem Vorwand verzerrt, die Massen seien noch nicht bereit, sie zu hören, dient der Dunkelheit. Schon immer wurden im Lauf der Geschichte heilige und esoterische Texte versteckt oder vernichtet.

Im Jahr 553 n. Chr. ließ Kaiser Justinian auf dem zweiten Konzil von Konstantinopel all jene Passagen aus der Bibel streichen, die von der Reinkarnation sprachen, denn er und seine Kirche wollten über die Seelen der Menschen herrschen.

Wenn diese Wahrheit offenbart wird und die heiligen Gesetze der Reinkarnation endlich wieder anerkannt werden, wird jeder Mensch aus dem Bewusstsein heraus handeln, dass jede seiner Handlungen von seinem Schutz-engel in der Akascha-Chronik eingetragen wird und dass er sein Schicksal selbst in die Hand nehmen kann.

Ärgern Sie sich nicht, und seien Sie nicht enttäuscht, wenn Sie diese Zeilen lesen, sondern bitten Sie lieber in aller Ruhe die Engel, ihr Licht auf die Wahrheit scheinen zu lassen. Bitten Sie die Engel, den Geist jener zu öffnen, die politische und religiöse Verantwortung für die Men-schen auf diesem Planeten tragen. Bitten Sie die Engel, die religiösen und weltlichen Führer zu erleuchten.

Die Religionen diktieren den Menschen, was sie zu tun und zu glauben haben. Spiritualität dagegen fordert sie auf, auf ihre eigene Führung zu hören und ihrem eigenen Herzen zu folgen. Sie lässt den Menschen ihre Freiheit und erinnert uns lediglich an die höchsten spirituellen Eigenschaften wie Friedfertigkeit, Liebe, Freude, Mitgefühl, Integrität, Brüderlichkeit, Schwesterlichkeit, Frieden und Eins-Sein. Allein diese Worte auszusprechen, entzündet ein Licht in uns.

Jeder, der Höllenqualen und ewige Verdammnis predigt, verstärkt den Einfluss der Finsternis und arbeitet daher für sie. Solche Prediger verstärken die Angst im Univer-sum. Jedes Mal, wenn wir voller Angst Namen aussprechen, die den Teufel verkörpern, verstärkt die Schwingung des Namens seine Macht. Selbst die Schwingung von Flüchen mindert unser Potenzial.

Anfang des 15. Jahrhunderts schlich sich die Korrup-tion in der christlichen Priesterschaft ein. Statt die Engel und das Licht zu verteidigen, wehrten sich die Priester gegen den Teufel und griffen ihn an, wodurch sie der Finsternis noch mehr Macht verliehen und dem Schrecken der Inquisition Tür und Tür öffneten. Als sie die Hexen ermordeten, töteten sie in Wirklichkeit die Heilerinnen, Seherinnen und Prophetinnen und alle, welche die Wahrheit verkündeten. Viele dieser Seelen verkörpern sich heute wieder auf der Erde, um das Licht auf unseren Planeten zurückzubringen.

Ein wahrhaft spiritueller Mensch vertraut darauf, dass andere ihren eigenen Weg zum Berggipfel finden, und wird ihnen unvoreingenommen dabei helfen. Will jemand einen anderen Weg einschlagen, wünscht ihm ein erleuchtetes Wesen Glück dabei. Ein spiritueller Mensch wird auch niemanden verurteilen, der einen ganz offensichtlich falschen Weg einschlägt, denn der mag wichtig für seinen Entwicklungsprozess sein. Er wird andere jedoch dazu ermutigen, eigenständig zu denken, auf seine innere Führung zu hören und unabhängig zu sein. Er wird in jedem Menschen die Kraft erwecken, direkt zu Gott, den Engeln oder anderen Wesen von höherer Weisheit zu sprechen.

Engel des Lichts helfen jedem, der auf seinem eigenen Pfad den Berg erklimmt. Vor den Wesen des Lichts sind wir alle gleich. Und selbst wenn jemand einmal ins Straucheln gerät, stehen die Engel geduldig, ohne zu urteilen, an seiner Seite und helfen, wenn sie darum gebeten werden.

Manchmal fragen mich Klienten, wie es kommt, dass die Engel so viele verschiedene Sprachen sprechen. Der Grund dafür sind die telepathischen Fähigkeiten, über welche die meisten von uns verfügen. Oft schnappen wir die Gedanken anderer Menschen auf und sagen dann überrascht: »Daran habe ich auch gerade gedacht!« Jenseits der Begrenzungen des Körpers, in den geistigen Welten, erfolgt alle Kommunikation telepathisch. Worte sind unnötig, weil allein die Energie der Botschaft dem anderen übermittelt wird. Das geschieht allerdings nicht willkürlich und unbewusst wie bei uns.

Wenn Engel und höhere Wesen mit uns kommunizieren, erreicht uns ihre Mitteilung durch einen solchen Bewusstseinsstrom. In unserem Geist formt sich dann ein eindringlicher Gedanke oder wir nehmen sogar den Klang einer Stimme wahr. Die Stimme ist jedoch ein Produkt unseres eigenen Geistes, denn allein die Energie wird übertragen und im Weiteren durch unser Bewusstsein in unsere Sprache quasi »übersetzt«. Engel brauchen deshalb keine Sprachgenies zu sein. Sie kommunizieren in der Sprache des Schöpfers, der Schwingung der Liebe.

Auf meinem ersten Engel-Seminar führte ich die Teilnehmer durch eine geleitete Meditation. Mir wurde deutlich gesagt, dass wir alle zu sehr dem analytischen Denken verhaftet seien und unseren Geist davon befreien müssten. Stattdessen sollten wir uns vorstellen, dass unser Verstand in weiß-violettes Licht getaucht wäre. Ich fühlte sofort eine riesige weiß-violette, helle Flamme in meinem dritten Auge, empfand unglaublich großen Frieden und fühlte mich eins mit dem Universum. Später stellte sich heraus, dass viele Teilnehmer dasselbe eindrückliche Gefühl hatten, als sich die Engel uns näherten. Wenn wir in die Farbe Weiß-Violett oder Violett eintauchen, erhöht sich gleichzeitig unsere Schwingung.

1.   Denken Sie oft an sie. Bitten Sie die Engel, näher zu kommen und Ihnen zu helfen.

2.   Läutern und reinigen Sie Ihre Gedanken, damit Ihre Aura für die zarte Schwingung der Engel durchlässiger wird.

3.   Hören Sie auf, ständig zu analysieren und über alles nachzugrübeln. Damit beanspruchen Sie allein Ihre linke Gehirnhälfte und verhindern so die Verbindung zu den Engeln. Immer wenn Sie merken, dass Sie allzu kopflastig werden, stellen Sie sich ein weiß-violettes Licht in Ihrem Kopf vor.

4.   Seien Sie offen für die Gegenwart der Engel und ihre Botschaften.

5.   Hören Sie sich Engelmusik an. Sie wird derzeit von zahlreichen Medien empfangen. Diese Musik verfeinert Ihre Schwingung, sodass die Engel sich mit Ihnen verbinden können, und ist wirklich wunderschön.

Woher wissen Sie, ob es sich um authentische Engelmusik handelt? Wie können Sie sich sicher sein, dass sie für Sie das Richtige ist? Die Antwort ist stets dieselbe: Folgen Sie Ihrer Intuition.

**Engel helfen Ihnen, Herrschaft
über Ihre eigene Seele zu erlangen.**

33

Engel-Inspirationen

Als ich eines Tages über die vielen Probleme nachdachte, mit denen mir bekannte Menschen konfrontiert waren, hörte ich plötzlich eine engelhafte Stimme, die sagte: »Der Grund, weshalb so viele von euch Prüfungen über sich ergehen lassen müssen, ist euer Karma, das immer schneller zur Auflösung drängt. Ihr müsst euch euren Dämonen stellen, eure Lektionen lernen und weitergehen. Für Ruhepausen bleibt keine Zeit.«

Unser Karma auflösen heißt, unsere »Schulden« zurückzuzahlen. Wenn wir jemals etwas gedacht oder getan haben, was andere verletzt oder ihnen geschadet hat, müssen wir die Folgen tragen. Wir können den Konsequenzen unserer Handlungen nicht entkommen, denn die Chronik unseres Karmas umfasst alle Erfahrungen, die unsere Seele während der vielen Leben gesammelt hat.

Ich musste selbst eine schwere Zeit überstehen. Obwohl ich versuchte, während dieser Prüfungen ständig in meiner Mitte zu bleiben, waren meine Emotionen permanenten Schwankungen unterworfen.

»Wie können wir anderen helfen und sie heilen, wenn wir uns selbst so schlecht fühlen?«, wollte ich wissen.

Die engelhafte Stimme erwiderte: »Verlasse dein Ego und gehe in deinen goldenen Körper. Er ist dein Engelkörper.«

Bei diesen Worten musste ich lächeln. Mit dem Begriff »goldener Körper« bezeichne ich einen Zustand, in dem wir ganz in unserer Mitte, aber losgelöst von unserem Ego sind. Der Begriff entstand vor ein paar Jahren, als ich mit einer hellsichtigen Klientin arbeitete, die mich ansah und erstaunt ausrief: »Sie sind ja ganz golden! Sie befinden sich in einem goldenen Körper!«

Der goldene Körper ist ein Raum, in dem uns von außen nichts mehr berührt. Wir geben für einen Moment unser Ego auf, um der höheren Führung zu lauschen und konzentrieren uns völlig auf unser Tun.

Die Stimme sprach weiter und übermittelte mir eine für mich ganz erstaunliche Botschaft: »Da die Erde momentan durch eine sehr schwierige Phase geht, bemühen sich die Engel verstärkt darum, den Menschen zu helfen. Eure Atome, eure Zellen und eure DNA verändern sich kontinuierlich, damit ihr in die fünfte Dimension eintreten könnt. Vielleicht fühlt ihr dies in eurem Körper – in eurem Herzen, in den Schultern, im Solarplexus und in den Chakras, die sich öffnen.«

Die meisten Menschen nehmen allein die materielle Welt wahr und glauben nur an das, was sie sehen, fühlen und berühren können. Das bedeutet, wir leben eingeschränkt durch unsere Überzeugungen und Glaubenssätze in einer rein materiellen Welt.

Wir sind ständig auf der Suche nach Liebe und Bestätigung von anderen. Wir fürchten uns davor abgelehnt, verlassen und allein gelassen zu werden. Das führt oft dazu, dass wir andere zu beherrschen und zu manipulieren versuchen, damit sie unsere Bedürfnisse befriedigen. Wenn man physische, geistige und emotionale Unterstützung braucht, so führt das zu Beziehungen der Abhängigkeit, die unser spirituelles Wachstum hemmen.

Auch wenn wir uns Gott zuwenden, bitten wir häufig noch um die Erfüllung unserer Wünsche und die Befriedigung unserer Bedürfnisse.

Die Erde soll ein fünfdimensionaler Planet werden, das heißt, ein Planet mit höherem Bewusstsein. In diesem Bewusstseinszustand brauchen wir die Unterstützung und Bestätigung anderer Menschen nicht mehr und gehen demzufolge keine Beziehungen mehr ein, in denen wir abhängig sind. Unser einziges Ziel ist es dann, unseren höchsten spirituellen Absichten zu folgen.

In den höheren Dimensionen leben wir auf einer Ebene größeren Vertrauens. Wenn wir also von Gott etwas erbitten, dann sind wir uns sicher, dass wir es auch bekommen. In jedem Fall konzentrieren wir uns darauf, um die Entfaltung positiver Eigenschaften statt um materielle Dinge zu bitten.

In der fünften Dimension werden wir – erlöst von Negativität – in Harmonie und Frieden leben und uns für unsere höchsten Ziele und das Wohl aller Menschen einsetzen. Dann werden wir die Herausforderungen, denen wir uns gegenübersehen, als Einladungen verstehen, dem göttlichen Quell näher zu kommen.

Kein Wunder, dass sich die Engel mit all ihrer Liebe und Weisheit um den Planeten Erde scharen, um bei diesem gewaltigen Bewusstseinswandel mitzuhelfen!

Die Stimme fuhr fort: »Du kannst leichter mit den Engeln Verbindung aufnehmen, wenn du dich in einem fünfdimensionalen Körper, also in deinem goldenen Körper, befindest. Wenn du dich in diesen höheren Bewusstseinszustand begibst, ist das so, als würdest du einen anderen Gang einlegen. Die meisten von euch tun dies ganz automatisch, aber es gibt gewisse Dinge, die euch dabei helfen können.

- Lest inspirierende Bücher. Damit öffnet ihr euren Geist.
- Konzentriert euch auf Schönheit, Freude und höhere Eigenschaften.
- Geht möglichst oft in der Natur spazieren, und genießt sie mit all euren Sinnen.
- Hört inspirierende Musik. Sie wird in eure Zellen eindringen und eure Schwingungsfrequenz anheben.
- Bedankt euch immer für das, was ihr habt. Mit einem Dankeschön sendet ihr positive Energie aus, durch die noch mehr gute Dinge in euer Leben kommen.
- Entspannt euch. Wir wissen, dass das schwierig ist, wenn ihr das Gefühl habt, im Strom des Lebens dahinzubrausen, aber wir bitten euch: Habt Vertrauen, und lasst euch vom Strom mittragen.«

Ich fragte, wie ich mit Engeln Verbindung aufnehmen könne. Die Stimme antwortete: »Konzentriere dich einfach auf Engel!«

Konzentrieren Sie sich auf Engel,
und sie werden in Ihr Leben treten.

34

Praktische Übungen und Meditationen

Ich möchte dieses Buch mit einigen Übungen und geführten Meditationen beschließen, mit deren Hilfe Sie Ihren Engeln näherkommen können und ihre einzigartige Hilfe erfahren dürfen.

Ziehen Sie bequeme Kleidung an, und sorgen Sie dafür, dass Sie eine halbe Stunde lang nicht gestört werden.

Um eine positive Stimmung zu schaffen, können Sie eine Kerze anzünden oder Kristalle, Pflanzen und Blumen ringsherum aufstellen. Auch spirituelle Bücher im Zimmer und schöne Musik helfen Ihnen dabei, die Schwingungen zu erhöhen, damit Sie leichter in Kontakt mit den Engeln treten können.

Bevor Sie mit der Meditation beginnen, geben Sie dem Wunsch Ausdruck, dass alles, was geschieht, im Interesse Ihres höchsten Wohles geschehen möge. Bitten Sie die Engel des Lichts zu kommen, um Sie zu beschützen und zu heilen.

ÜBUNG
DEN KONTAKT ZU DEN ENGELN HERSTELLEN

1. Setzen Sie sich, oder legen Sie sich bequem hin.
2. Atmen Sie etwas tiefer als sonst, und versuchen Sie, sich beim Ausatmen zu entspannen. Führen Sie die vertiefte Atmung so lange durch, bis sich Ihr ganzer Körper ruhig anfühlt.
3. Laden Sie Ihren Schutzengel ein, näher zu kommen. Spüren Sie, wie seine sanften Flügel Sie umfangen, und genießen Sie entspannt das Gefühl der Geborgenheit.
4. Fragen Sie Ihren Schutzengel nach seinem Namen. Freuen Sie sich, wenn Sie seinen Namen im Geiste hören; wenn er Ihnen aber nicht in den Sinn kommt, ist es auch nicht weiter schlimm.
5. Wenn Sie sich in die Liebe und Geborgenheit Ihres Schutzengels eingehüllt fühlen, versuchen Sie, sich anderer Engel in Ihrer Umgebung bewusst zu werden, und spüren Sie, wie viel Liebe jeder für Sie empfindet.
6. Atmen Sie alle Liebe, die diese Wesen ausstrahlen, ein. Denken Sie daran, dass Sie es verdient haben, geliebt zu werden.
7. Öffnen Sie nach Abschluss der Übung langsam die Augen.

ÜBUNG
Das Herz läutern und heilen

1.   Setzen oder legen Sie sich bequem auf einen Sessel oder eine Unterlage.

2.   Holen Sie tief Luft, und finden Sie beim Ausatmen Ihre Mitte. Sagen Sie dann bei jedem Ausatmen »Ruhe«, bis Sie sich wirklich entspannt fühlen.

3.   Spüren Sie das Äußere Ihres Herzens. Ist es glatt und gesund? Oder eher rau, angeschlagen, voller Narben, gebrochen oder in anderer Weise verletzt?

4.   Spüren Sie das Innere Ihres Herzens. Ist es von Liebe erfüllt, oder ist es voller Verletzungen, Ärger und Eifersucht? Sind dort alte, ungelöste Probleme verborgen, die auf Heilung warten?

5.   Laden Sie nun die Engel der Heilung ein, Ihr Herz zu heilen, und spüren Sie, wie viele Engel Ihnen zu Hilfe kommen.

6.   Öffnen Sie sich ganz der Heilung durch die Engel, die die Wunden schließen und den Schmerz auflösen.

7.   Visualisieren Sie, wie die Engel Ihr Herz herausnehmen und es zu einem wunderschönen Wasserfall tragen. Während sie Ihr Herz unter den glitzernden Strahl halten, spüren und beobachten Sie, wie alte Verletzungen fortgespült werden.

8.   Die Engel tragen jetzt Ihr Herz hinauf zum göttlichen Quell, wo es gesegnet wird. Entspannen Sie sich, und seien Sie empfänglich und offen für alles, was geschehen könnte.

9. Bedanken Sie sich anschließend für alles, was Sie bekommen haben.

10. Öffnen Sie sich, damit die Engel das gereinigte und gesegnete Herz wieder in Ihren Körper einsetzen können.

11. Fühlen Sie, wie die Engel Ihre Aura streicheln, um sie wieder zu versiegeln.

12. Wenn Sie die Übung beendet haben, öffnen Sie die Augen, und konzentrieren Sie sich auf liebevolle Gedanken.

ÜBUNG
BEGEGNEN SIE DEN HERREN DES KARMA

Die Herren des Karma helfen uns dabei, wichtige Entscheidungen zu treffen. Sie führen die Akascha-Chronik, unsere Bilanz guter und böser Taten. Wenn wir darum bitten, werden sie uns Hilfe und Führung gewähren. Wenn Sie in Ihrem Leben auf eine Herausforderung treffen, bezüglich derer Sie um Führung bitten wollen, sollten Sie sich zuerst eine Frage überlegen, bevor Sie mit der Reise beginnen.

1. Atmen Sie mehrmals tief durch, und sagen Sie beim Ausatmen jedes Mal »Frieden«.
2. Beginnen Sie bei den Zehen, und entspannen Sie nach und nach Ihren Körper bis hinauf zum Scheitel.
3. Laden Sie Ihren Engel ein, zu Ihnen zu kommen, und spüren oder beobachten Sie, wie er sich nähert. Nehmen Sie sich einen Augenblick Zeit, um ihn herzlich zu begrüßen.
4. Bitten Sie ihn, Sie hinauf zu den Herren des Karma zu geleiten, die Sie um Hilfe und Führung bitten wollen.
5. Lassen Sie sich von ihm an der Hand nehmen und sich durch die Wolken, an den Sternen vorbei ins Universum hinauftragen.
6. Atmen Sie Licht ein und Eifersucht, Wut, Schuldgefühle, Verletzungen und Ängste aus. Nehmen Sie sich dafür genügend Zeit.

7.   Vor Ihnen erhebt sich ein wunderschöner weißer
Tempel. Lassen Sie sich von Ihrem Engel die weißen
Stufen hinauf über den Hof zu der Tür geleiten, hinter
der sich das Domizil der Herren des Karma befindet.
8.   Klopfen Sie an, und bitten Sie um Erlaubnis,
eintreten zu dürfen. Treten Sie dann demütig und ruhig
den Herren des Karma entgegen.
9.   Stellen Sie Ihre Frage, oder bitten Sie um Führung,
damit Sie von Ihrem negativen Karma erlöst werden
können.
10.   Warten Sie auf eine Antwort. Selbst wenn es so
scheinen mag, als ob nichts geschieht, ist Ihre Bitte
bemerkt worden, und die Führung wird kommen, sobald
Sie dafür bereit sind.
11.   Danken Sie den Herren des Karma dafür, dass
sie Sie empfangen haben, und lassen Sie sich von Ihrem
Engel wieder auf die Erde hinunterführen.
12.   Danken Sie Ihrem Engel, und bleiben Sie noch eine
Weile still liegen, bevor Sie die Augen öffnen.

ÜBUNG
SPIRITUELLE EIGENSCHAFTEN ENTWICKELN

Im Wassermann-Zeitalter, dem Neuen Goldenen Zeitalter, in das wir gerade eingetreten sind, werden wir auf einer höheren Bewusstseinsebene leben. Statt unser Augenmerk allein auf die materielle Welt zu lenken, werden wir voller Freude verstärkt höhere Qualitäten in unserem Leben fördern. Dazu gehören beispielsweise Freiheit, Frieden, Liebe, Begeisterung, Dankbarkeit, Ausgeglichenheit, Schönheit oder jede andere positive Eigenschaft, die unserem Wohlergehen und unserer spirituellen Entwicklung dient.

Um diesen Prozess zu beschleunigen, ist es hilfreich, die Engel einzuladen, die Eigenschaften zu fördern, auf die wir uns konzentrieren möchten. Mit der folgenden Übung ziehen Sie die Engel an, die Ihnen dabei helfen werden.

1. Suchen Sie sich einen ruhigen Platz, an dem Sie ungestört sind. Atmen Sie Licht ein und Liebe aus, bis Sie sich entspannt haben und zur Ruhe gekommen sind.
2. Entscheiden Sie sich für eine oder zwei höhere spirituelle Eigenschaften, die Sie in Ihrem Leben gern fördern möchten.
3. Laden Sie Ihren Schutzengel ein, und fühlen Sie, wie er Sie umfängt und stützt.
4. Denken Sie ein paar Augenblicke lang über eine dieser Eigenschaften nach, die Sie in Ihrem Leben verwirklichen möchten.

5. Laden Sie den Engel ein, der diese Eigenschaft verkörpert. Vielleicht können Sie diesen Engel deutlich wahrnehmen – seine Farbe, seine Größe, seine Kleidung – oder ihn fühlen.

6. Bitten Sie den Engel, diese Eigenschaft in Ihrem Leben zu fördern und zu verstärken.

7. Sehen und spüren Sie, wie sie immer mehr Raum in Ihrem Leben einnimmt.

8. Vertrauen Sie darauf, dass diese Eigenschaft wie eine Pflanze wachsen und größer werden wird, bis sie Ihr Leben ganz ausfüllt.

9. Öffnen Sie die Augen.

ÜBUNG
ÄNGSTE LOSLASSEN

Engel helfen uns gern beim Loslassen von Ängsten, wenn wir nur bereit sind, uns zu entspannen und auf sie zu vertrauen.

1. Entspannen Sie sich, und atmen Sie ruhig und gleichmäßig.
2. Laden Sie einen Engel ein, der Ihnen hilft, Ihre Angst und die Verspannungen in Ihrem Körper loszulassen.
3. Vielleicht möchten Sie über Ihre Angst nachdenken oder einfach in den verspannten Körperteil hineinatmen, in dem Sie die Angst festhalten.
4. Lassen Sie dazu ein Bild, eine Erinnerung oder ein Symbol aus dem Unbewussten aufsteigen.
5. Entspannen Sie sich, während der Engel – es können auch mehrere sein – das Bild, die Erinnerung oder das Symbol aus Ihrem Körper entfernt. Beobachten Sie, wie sich die Angst im Licht auflöst.
6. Der Engel wird Ihnen jetzt ein positives Bild oder Symbol zeigen, das Ihnen dabei helfen wird, sich stark zu fühlen.
7. Er verankert dieses Symbol entweder fest in Ihrem dritten Auge oder in dem Körperteil, der vorher verspannt war.
8. Danken Sie Ihrem Engel, und öffnen Sie die Augen.

ÜBUNG
EIN POSITIVES SELBSTWERTGEFÜHL ERLANGEN

Der Solarplexus ist der Sitz unseres Willens, unseres Selbstwertgefühls und unseres Vertrauens. Für viele Menschen ist er förmlich von Angst überflutet. Die Engel helfen Ihnen bereitwillig, diese Angst loszulassen, damit Ihr Selbstvertrauen und Ihr Selbstwertgefühl wachsen können.

1. Entspannen Sie sich, und werden Sie ganz still.
2. Atmen Sie langsam, tief und gleichmäßig in Ihren Solarplexus hinein.
3. Stellen Sie sich vor, Sie würden sich in Ihren Solarplexus begeben und dort einen Keller oder einen Raum vorfinden. Wie sieht er aus?
4. Laden Sie Ihren Engel ein, alle belastenden Erinnerungen, Ängste oder Negativität daraus zu entfernen.
5. Erlauben Sie dem Engel, Ihren Solarplexus von Finsternis, Schmutz und Staub zu reinigen.
6. Beobachten Sie, wie der Engel eine goldene Lichtkugel formt und sie mit Vertrauen, Selbstwertgefühl und Macht füllt.
7. Öffnen Sie sich für diese goldene Energiekugel, wenn der Engel sie in Ihren Solarplexus legt.
8. Atmen Sie in Ihren Solarplexus hinein, und fühlen Sie, wie Ihr Selbstwertgefühl wächst.
9. Danken Sie Ihrem Engel, und öffnen Sie die Augen.

ÜBUNG
FREI VON VERHAFTUNGEN WERDEN

Wir können uns an nichts wirklich erfreuen, wenn wir uns daran klammern, aus Angst, es eines Tages möglicherweise zu verlieren und dann unglücklich zu sein. Das gilt für materiellen Besitz, Hobbys, Jobs und manchmal sogar für Eigenschaften wie Wut. Wenn wir ein neues Bewusstsein erlangt haben, dürfen wir sicherlich weiterhin über Besitz verfügen, doch sollten wir sicherstellen, dass unser Ego nicht zu sehr daran hängt und dass wir auch ohne ihn auskommen können.

Dasselbe gilt für Menschen. Jede Form von Bedürftigkeit erzeugt Schnüre, die uns an andere binden und die dazu führen, dass wir sie auf der Gefühlsebene manipulieren – und von ihnen manipuliert werden. Bedingungslose Liebe bildet keine solchen Schnüre und gibt anderen die Freiheit, ganz sie selbst zu sein.

Die Engel helfen uns gerne dabei, solche Schnüre aufzulösen und uns aus der Abhängigkeit von anderen Menschen zu befreien.

1. Entspannen Sie Ihren ganzen Körper, und machen Sie es sich bequem.
2. Finden Sie heraus, aus welcher Abhängigkeit Sie sich jetzt lösen möchten.
3. Visualisieren Sie den Gegenstand oder den Menschen, von dem Sie sich befreien möchten.
4. Achten Sie darauf, was Sie mit diesem Gegenstand oder dieser Person verbindet.

5. Bitten Sie einen Engel, die Verbindung zu unter-
brechen und alle Schnüre direkt an der Wurzel zu durchtrennen. Achten Sie darauf, ob Sie dies in Ihrem physischen
Körper spüren.

6. Bitten Sie den Engel, Sie mit einer höheren
spirituellen Eigenschaft zu erfüllen, damit Sie diesen
Gegenstand oder diese Person aus Ihrem Leben entlassen
können.

7. Atmen Sie diese höhere Eigenschaft ein.

8. Danken Sie dem Engel und öffnen Sie die Augen.

ÜBUNG
DAS INNERE KIND HEILEN

In den meisten von uns lebt ein vernachlässigtes inneres Kind, das sich orientierungslos, ängstlich und traurig fühlt. Immer wenn wir Schmerzen im Körper wahrnehmen, können wir sicher sein, dass uns unser inneres Kind sein Unglück mitteilen will und dadurch eine Unterbrechung unseres Energieflusses verursacht.

Auch wenn wir verletzt, verängstigt, ärgerlich, eifersüchtig, neidisch, widerwillig sind oder uns als unzulänglich empfinden, ist das ein Anzeichen dafür, dass ein Teil von uns in der Kindheit steckengeblieben ist und uns Probleme in unserem jetzigen Leben bereitet.

Die Engel freuen sich, wenn sie uns dabei helfen dürfen, dieses verletzte innere Kind zu heilen. Wir brauchen sie nur darum zu bitten.

1.   Nehmen Sie sich einige Augenblicke Zeit, alle Gelenke zu lockern, und entspannen Sie sich.
2.   Atmen Sie tief in Ihren Bauch, dehnen Sie ihn dabei aus, und lassen Sie dann den Atem langsam los. Wiederholen Sie dies mehrmals, bis Sie sich wohl und friedlich fühlen.
3.   Denken Sie daran zurück, als Sie das letzte Mal ärgerlich, verletzt oder in irgendeiner Weise negativ gestimmt waren. Beachten Sie, dass nicht der ausgeglichene Erwachsene diese negativen Gefühle hat,

sondern Ihr hilfloses inneres Kind. Finden Sie heraus, wie alt dieses Kind in Ihnen ist.

4. Wenn Sie das Kind in sich spüren, trösten Sie es, und laden Sie die Engel der Heilung ein, seinen Schmerz zu heilen.

5. Entspannen Sie sich und seien Sie offen für alles, was bei der Heilung durch die Engel geschehen mag.

6. Wenn die Engel das Kind zu Ihnen zurückbringen, achten Sie darauf, ob es anders aussieht und wie es sich anfühlt.

7. Danken Sie den Engeln.

8. Umarmen Sie Ihr inneres Kind, und schenken Sie ihm all Ihre Liebe.

ÜBUNG
NEGATIVE VERHALTENSMUSTER DER VORFAHREN AUFLÖSEN

Wie viele Schmerzen und Verletzungen werden von einer Generation an die nächste weitergegeben! Viele ungelöste Familienmuster setzen sich auf die Weise immer weiter fort. Diese Negativität bindet viele Seelen an das schwere Energiefeld der Erde und zwingt sie dazu, sich immer wieder auf diesem Planeten zu verkörpern.

Engel helfen uns gerne dabei, uns und unsere Ahnen von den ungelösten Mustern zu befreien.

1. Atmen Sie in Ihre Füße, bis sie sich schwer und angenehm warm anfühlen. Atmen Sie dann in Ihre Beine, bis sich auch diese ganz entspannt haben. Tun Sie dasselbe mit Händen, Armen, Rücken und Rumpf.
2. Laden Sie die entsprechenden Engel zu sich ein, und entspannen Sie sich in ihrer liebevollen Energie.
3. Erklären Sie den Engeln, für welche Verhaltens-muster Sie ihre Hilfe brauchen.
4. Stellen Sie sich all Ihre Vorfahren vor, welche die Last dieses Musters tragen.
5. Lassen Sie sich von den Engeln durch das Universum immer höher hinauf tragen, bis Sie in ein strahlendes weißes Licht blicken. In diesem Licht offenbart sich der Schöpfer.
6. Knien Sie mit den Engeln nieder, und bitten Sie um Gnade für sich und Ihre Vorfahren.

7.   Wenn Ihnen die Gnade gewährt wird, werden Sie ein Symbol erhalten.

8.   Kehren Sie mit dem Symbol auf die Erde zurück, und heilen Sie die Ahnenreihe mit seinen Strahlen.

9.   Danken Sie den Engeln, und öffnen Sie die Augen.

ÜBUNG
ENGELSEGEN VERSCHICKEN

Menschen verhalten sich nur deshalb anderen gegenüber feindselig, weil sie einen so großen Schmerz verspüren, an mangelndem Selbstwertgefühl leiden oder kein Selbstvertrauen besitzen. Nehmen Sie sich heute vor, nicht mehr über solche Menschen zu urteilen. Fragen Sie sich stattdessen lieber, was sie wohl brauchen, um glücklich zu sein. Segnen Sie sie dann damit. Bitten Sie die Engel durch Sie hindurch zu wirken, indem sie den anderen die gewünschten Dinge in goldenem Licht schicken.

Ist jemand beispielsweise sarkastisch, fühlt er sich in Wirklichkeit besonders verletzlich, und versucht, sich die Menschen vom Leib zu halten, indem er sie mit kleinen spitzen Bemerkungen verschreckt. Segnen Sie einen solchen Menschen mit Liebe, schicken Sie ihm Selbstvertrauen, und visualisieren Sie, dass er sich sicher fühlt, offen und liebevoll ist.

Wenn jemand ständig darüber jammert, dass er kein Geld hat, segnen Sie ihn mit Reichtum und Überfluss. Stellen Sie sich vor, dass er mit Geld im Überfluss überschüttet wird.

Wenn Sie an einer Schule vorbeikommen, bitten Sie die Engel, die Kinder mit Selbstvertrauen und Glück zu segnen und mit der Fähigkeit, ihre Lektionen mit Leichtigkeit zu lernen. Vielleicht möchten Sie ja die Engel auch bitten, die Lehrer zu segnen und ihnen Geduld und die Liebe zum Unterrichten zu geben.

Wenn Sie einen Segen erbitten, denken Sie bitte immer daran, dass alles, was Sie anderen senden, zu Ihnen zurückkehren wird.

1.   Setzen Sie sich still an einen Ort, an dem Sie sich wohlfühlen. Sie können diese Übung aber auch machen, während Sie spazieren gehen oder mit öffentlichen Verkehrsmitteln fahren.

2.   Wenn Sie visualisieren möchten, schließen Sie die Augen und holen tief Luft, um sich zu zentrieren. Ansonsten sollten Sie die Augen offen lassen.

3.   Denken Sie an eine Person, einen Ort oder eine Situation, die Hilfe benötigt.

4.   Überlegen Sie sich, welche Eigenschaften der betreffende Mensch, Ort oder die betreffende Situation braucht, damit sie glücklich, ganz und von Licht erfüllt ist.

5.   Bitten Sie die Engel zu Ihnen zu kommen. Es wird Sie vielleicht überraschen, auf welche Weise sie in Ihre innere Welt treten.

6.   Bitten Sie die Engel, diese Eigenschaften verbunden mit einem goldenen Segen dem betreffenden Menschen, Ort oder der Situation zu senden.

7.   Visualisieren oder spüren Sie, wie die Energie an ihr Ziel fließt und dieses vollkommen einhüllt.

8.   Stellen Sie sich vor, dass dort alles perfekt und ganz ist.

9.   Bedanken Sie sich bei den Engeln.

10.   Öffnen Sie sich, um Ihrerseits den Segen anderer Menschen zu empfangen, und stellen Sie sich bildhaft vor, welche wunderbaren Dinge zu Ihnen kommen.

Ziehen Sie Gutes an

Ihr Energiefeld wird durch all Ihre Gedanken und Gefühle erzeugt. Ihr Energiefeld funktioniert wie ein Magnet, der bestimmte Menschen und Situationen anzieht.

Jeder Gedanke und jedes Gefühl haben eine Farbe. Wenn jemand beispielsweise traurig und erschöpft ist, nimmt seine Aura einen gräulichen Ton an, wodurch Einsamkeit und Unglück angezogen werden. Wenn Sie hingegen gesellig und freundlich sind, wird Ihre Aura einen warmen Orangeton haben, aufgrund dessen warmherzige, gesellige und freundliche Menschen in Ihr Leben treten werden.

Wenn Sie ein glückliches, erfolgreiches Leben voller Liebe und Wohlstand haben möchten, wird diese Übung und Visualisierung den Engeln helfen, mit Ihnen gemeinsam an der Erfüllung dieses Wunsches zu arbeiten.

Zunächst müssen Sie sich entscheiden, wovon Sie mehr in Ihr Leben bringen möchten.

• Wenn Sie mehr Zeit draußen in der Natur verbringen möchten, setzen Sie Grün ein.
• Möchten Sie mehr Spaß haben und glücklicher sein, setzen Sie Orange mit etwas Rot darin ein.
• Möchten Sie weisere, ruhigere, friedvollere und bodenständigere Freunde haben, setzen Sie Gold ein.
• Möchten Sie eine bessere Verbindung zu den Engeln, setzen Sie Gold ein.

- Möchten Sie konzentrierter lernen können und eine Prüfung bestehen, setzen Sie Gelb ein.
- Möchten Sie Ihre Heilfähigkeiten stärken, setzen Sie Blau oder Grün ein.
- Möchten Sie mehr Liebe in Ihr Leben bringen, setzen Sie Rosa ein.
- Möchten Sie mutiger werden, setzen Sie Dunkelblau ein.
- Möchten Sie glücklicher sein und mehr Selbstvertrauen haben, setzen Sie einen goldenen Orangeton ein.

Dieses Beispiel werden wir in der weiter unten stehenden Übung benutzen. Sie können die Farbe natürlich je nach Ihren Bedürfnissen ändern. Entscheiden Sie sich also jetzt, welche Dinge Sie anziehen und welche Farbe Sie benutzen möchten.

Es ist besonders schön, wenn Sie sich die betreffende Farbe wirklich bildhaft vorstellen können, aber bereits die Konzentration auf die Farbe wird Ihre Aura damit erfüllen – und zwar auf eine Weise, die Auswirkungen auf Ihre eigenen Gefühle und die anderer Menschen haben wird.

1.	Setzen Sie sich still hin, und entspannen Sie sich.
2.	Stellen Sie sich während der Einatmung vor, Sie würden ein traumhaft schönes Orange einatmen. Nehmen Sie sich so viel Zeit, wie Sie brauchen, und atmen Sie diese Farbe in jeden Teil Ihres Körpers ein.

3. Stellen Sie sich während der Ausatmung vor, dass Ihre Aura von einem leuchtenden Gold-Orange erfüllt wird.

4. Sitzen Sie einige Minuten in diesem goldenen orangefarbenen Licht, und visualisieren Sie, dass sich Ihre Aura, die Selbstsicherheit und Glück ausstrahlt, ausdehnt und andere Menschen berührt.

5. Bitten Sie die Engel, zu Ihnen zu kommen, und Ihre Aura mit Funken des Glücks zu erfüllen.

6. Stellen Sie sich nun vor, dass Sie von dieser Aura umgeben genau das Leben führen, das Sie führen möchten. Ihre Aura ist voller funkelnder Lichter, und Sie sind von Engeln umgeben, wohin Sie auch gehen mögen.

7. Achten Sie darauf, wie andere Menschen nun auf Sie reagieren.

8. Merken Sie, wie sich nun Ihre Lebensumstände verändern?

9. Spüren Sie, wie die Energie an den Orten, die Sie aufsuchen, leichter und heller wird? Sie wissen, dass Sie diese Farbe in Ihre Aura ausatmen können, wann immer Sie es brauchen. Die Engel werden dem ihr Licht hinzufügen.

10. Entspannen Sie sich einige Augenblicke in der Gewissheit, dass Sie genau das Leben anziehen können, das Sie führen möchten.

ÜBUNG
Mutig und stark sein

Wenn Sie mit problematischen Lebensumständen oder schwierigen Menschen konfrontiert sind, brauchen Sie eine zusätzliche Portion Kraft und Mut. Bitten Sie Erzengel Michael, Ihnen zu helfen und Ihnen diese zu geben. Erzengel Michael hält das Schwert der Wahrheit und den Schild des Schutzes. Er wird Sie in einen dunkelblauen Schutzmantel hüllen.

Wenn Sie Mut brauchen, weil Sie einen Zahnarzttermin haben, auf eine Reise gehen, mit Ihrem Chef oder Ihrem Partner reden müssen oder ein neues Geschäft aufbauen wollen, wird er Ihnen helfen. Sie können ihn jederzeit anrufen, und er wird kommen.

Wenn Sie sich noch tiefer mit ihm verbinden möchten, wird die folgende Visualisierungsübung seine Energie noch stärker zu Ihnen bringen.

1.   Setzen Sie sich still an einen Ort, an dem Sie nicht gestört werden können.
2.   Atmen Sie ruhig und gleichmäßig, bis Sie ganz entspannt sind.
3.   Denken Sie die folgenden Worte, oder sprechen Sie sie laut aus: »Erzengel Michael, bitte komm und hilf mir jetzt.«
4.   Stellen Sie sich vor, dass er Sie in seinen dunkelblauen Schutzmantel hüllt. Sehen Sie vor Ihrem geistigen Auge, wie der Mantel von den Füßen bis zum Hals

zugezogen wird und wie Ihnen die Kapuze über den Kopf gezogen wird, bis sie auch das dritte Auge bedeckt. Lassen Sie sich Zeit dabei. Es ist wichtig, dass der Mantel Sie vollkommen einhüllt.

5.   Stellen Sie sich vor, dass die Kritik anderer Menschen oder Probleme an diesem Schutzmantel abprallen – wie Pfeile an einer Wand.

6.   Nun legt Erzengel Michael sein Schwert der Wahrheit in Ihre rechte Hand und seinen Schutzschild in Ihre linke. Er steht neben Ihnen, und Sie fühlen sich wie ein mächtiger Krieger. Nun können Sie sich allen und allem stellen.

7.   Sie sind innerlich ganz ruhig und strahlen Selbstvertrauen aus. Nichts und niemand kann Ihnen etwas anhaben, denn Erzengel Michael ist bei Ihnen.

8.   Stellen Sie sich vor, dass sie mit einer problematischen Situation oder einem schwierigen Menschen ruhig, gelassen, voller Kraft und Selbstvertrauen umgehen.

9.   Stellen Sie sich vor, dass eine positive Lösung zum höchsten Wohle aller Beteiligten gefunden wird.

10.   Spüren Sie, wie großartig es sich anfühlt, diese Situation so mutig und selbstsicher bewältigt zu haben.

11.   Bedanken Sie sich bei Erzengel Michael für seine Hilfe.

12.   Öffnen Sie nun die Augen in der Gewissheit, dass Sie Erzengel Michael jederzeit um Hilfe bitten können.

ÜBUNG
HERZROSE

Wenn Ihr Herz warm und von Liebe erfüllt ist, werden Sie viele Freunde und erfüllte Beziehungen haben. Dank Ihrer Empathie und Ihres Mitgefühls sind Sie sehr einfühlsam und können anderen Menschen helfen und sie heilen. Sie werden sich aufrichtig geliebt fühlen.

Ich stelle jetzt eine ganz einfache und schöne Visualisierungsübung vor, mit der Sie Erzengel Chamuel, den Engel der Liebe, anrufen können.

1. Suchen Sie sich einen ruhigen Platz, an dem Sie eine Zeit lang ungestört sein können.
2. Reiben Sie sanft Ihr Herzzentrum in der Mitte der Brust.
3. Denken Sie einige Augenblicke an all die guten Dinge in Ihrem Leben, an all die Dinge, mit denen Sie gesegnet sind.
4. Würdigen Sie nun alle Ihre Talente und guten Eigenschaften.
5. Bitten Sie Erzengel Chamuel, Ihr Herz zu berühren. Vielleicht fühlen oder spüren Sie es.
6. Stellen Sie sich eine samtene rosafarbene Rose in der Mitte der Brust vor.
7. Erzengel Chamuel öffnet nun ein herrliches Blütenblatt nach dem anderen.
8. Vielleicht spüren Sie ja, wie sich seine Energie über Ihr Herz bewegt, bis die Blüte der Rose vollständig geöffnet ist.

9. Stellen Sie sich vor, dass goldenes Sonnenlicht auf die Rose in Ihrem Herzen scheint und sie mit Wärme und Licht erfüllt.

10. Erzengel Chamuel segnet Ihre Rose, die ganz wunderbar duftet.

11. Nehmen Sie wahr, dass ein rosafarbenes Licht von Ihrem Herzen zu Menschen, Situationen und Orten strömt.

12. Nehmen Sie wahr, dass Liebe von anderen Menschen zu Ihnen strömt. Lassen Sie sie in Ihr Herz ein.

13. Stellen Sie sich vor, wie Ihre Beziehungen wohl aussehen, wenn Ihre Herzrose Liebe verströmt.

14. Nehmen Sie wahr, wie sicher sich die Menschen nun in Ihrer Nähe fühlen.

15. Wenn Sie ausgiebig gespürt haben, wie sich ein offenes Herz anfühlt, können Sie es offen lassen oder es wieder ein klein wenig schließen.

16. Bedanken Sie sich bei Erzengel Chamuel.

17. Ihr Herzzentrum wird jedes Mal noch etwas schöner werden, wenn Sie diese Übung machen.

ÜBUNG
AM SCHEIDEWEG

Wenn Sie sich nicht klar darüber sind, wie sie sich entscheiden sollen, wird Erzengel Gabriel Ihnen Klarheit bringen und Ihnen helfen, Ihre Energie zu läutern, damit Sie auf Ihrem Lebensweg voranschreiten können.

Es mag hilfreich sein, Ihre Möglichkeiten aufzuschreiben. Dann können Sie einige Möglichkeiten ausschließen, bis nur noch zwei übrig sind.

1.   Setzen Sie sich still an einen Platz, an dem Sie nicht gestört werden können.
2.   Schließen Sie die Augen, und entspannen Sie sich.
3.   Stellen Sie sich vor, Sie stünden an einem Scheideweg und könnten sich nicht entscheiden, in welche Richtung Sie weitergehen sollen.
4.   Vor sich sehen Sie zwei Wege.
5.   Bitten Sie Erzengel Gabriel, sich in seinem schneeweißen Licht neben Sie zu stellen und Ihnen zu helfen, die bestmögliche Entscheidung zu treffen.
6.   Gehen Sie mit Erzengel Gabriel den ersten Weg entlang, und nehmen Sie genau wahr, wie es sich anfühlt, diese Entscheidung getroffen zu haben.
7.   Gehen Sie mit Erzengel Gabriel an der Seite nun den zweiten Weg entlang.
8.   Wenn Sie an den Scheideweg zurückkehren, haben Sie vielleicht Ihr Herz entscheiden lassen.

9. Falls nicht, bitten Sie Erzengel Gabriel nun, Ihnen jetzt oder später am Tag ein Zeichen zu geben.

10. Danken Sie Erzengel Gabriel für seine Hilfe.

11. Öffnen Sie die Augen in der Gewissheit, dass Sie zur richtigen Entscheidung geführt werden.

Mögen die Engel Sie mit einem Übermaß an Liebe, Frieden, Freude und Erfolg segnen, auf dass Ihr Herz vor Glück überfließen möge.

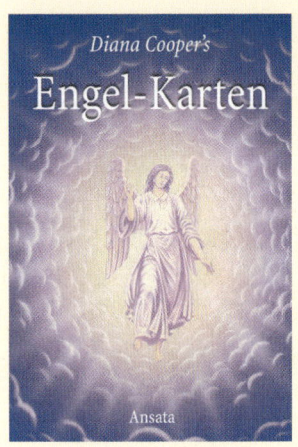

Licht und Liebe in das Leben bringen

Die Kraft des inneren Friedens
320 Seiten
ISBN 978-3-453-70064-2

Begegne deiner Seele
256 Seiten
ISBN 978-3-453-70060-4

In Licht und Liebe leben
288 Seiten
ISBN 978-3-453-70054-3

HEYNE ‹

Weitere Werke von Diana Cooper

2012
240 Seiten, inkl. CD
ISBN 978-3-7787-7382-6

Der spirituelle Lebensratgeber
232 Seiten
ISBN 978-3-7787-7169-3

Die Engel antworten
464 Seiten
ISBN 978-3-7787-7339-0

Orbs: Boten der Liebe, Heilung und Weisheit
240 Seiten
ISBN 978-3-7787-7363-5

Orbs: Wegbereiter für den Aufstieg ins Licht
352 Seiten
ISBN 978-3-7787-7366-6

Atlantis-Set
Buch & 46 Karten
ISBN 978-3-7787-7308-6

Einhorn-Set
Buch & 44 Karten
ISBN 978-3-7787-7354-3

Ansata